freedom
letters

Слова
України

№ 57

ВОЗДУШНАЯ ТРЕВОГА

Laurus • Freedom Letters
Киев
2023

Издатели *Полина Лаврова, Георгий Урушадзе*
Составители *Полина Лаврова,*
Станислав Бельский, Владимир Жбанков
Технический директор *Владимир Харитонов*
Дизайн обложки *Даниил Вяткин*
Вёрстка *Денис Пиорко*

Воздушная тревога. — Киев: Laurus, Freedom Letters, 2023.

ISBN 978-1-998265-40-4

Тексты, опубликованные в этой антологии, написаны в 2022—2023 годах. Их объединяет непосредственный опыт переживания военного времени. Опыт привычки к сиренам и воздушным налётам, работе противовоздушной обороны, взрывам сбитых ракет и дронов, к звукам попаданий в мирные жилища.

Содержание

От составителей

Украина звучит разными языками. Её земля дала жизнь писателям, поэтам и просветителям, благодаря которым к этим языкам прислушивается мир. Тараса Шевченко на украинском, Шолом-Алейхема на идише, Исмаила Гаспринского на крымскотатарском, Михая Эминеску на румынском, Николая Гоголя на русском. Национальное многоголосие неоднократно подвергалось обесцениванию, запретам и преследованиям. Но выстояло, чтобы свидетельствовать о человеческом опыте, вдохновении, трагедиях и надеждах.

В Украине литература на многих языках проявляла ценности, столетиями откликающиеся в людях Земли — свободолюбие, сочетание человечности и индивидуализма, скептицизм относительно иерархий, иронию и самоиронию, уверенность в праве на собственный голос. Всё это живёт и сегодня, в повседневности и в творчестве.

Предлагаем вашему вниманию антологию стихотворений, написанных на русском языке в Украине в течение полутора лет полномасштабного российского вторжения. Тексты, опубликованные в настоящем издании, объединяет непосредственный опыт переживания военного времени. Опыт повседневности сирен и воздушных налётов, взрывов сбитых вражеских ракет и дронов, постоянной тревоги за близких, звуков попаданий в мирные жилища, человеческих жертв. Блокпосты, комендантский час, повсеместный зелёный пиксель, волонтёрство и взаимопомощь. Война кардинально меняет жизнь, привычное становится недоступным, а невозможное — обыденным.

У каждого автора своя судьба и свой путь сквозь эту войну. Однако неизменно общей для всех является вера в победу Украины.

Полина Лаврова
Станислав Бельский
Владимир Жбанков

Каринэ Арутюнова

Родилась в Киеве, в семье преподавателя философии и переводчицы с французского. В 1994 переехала в Израиль, где и прожила до 2009 года. Собственно говоря, всю мою жизнь до эмиграции можно считать детством. Взрослая и настоящая жизнь началась в Израиле. Впрочем, как и проза, и живопись, все это началось, по большому счету, в Израиле. И продолжилось в Киеве, куда я переехала в 2009 году. Где живу и работаю по сей день.

Изданные книги:

«Как внутренняя стена дома» (Киев, издательский двор Олега Федорова, 2023), «Канун последней субботы» (Москва, АСТ, 2022), «Патараг» (Киев, издательский дом Олега Федорова, 2022), «Свет Боннара» (Издательские решения, 2021), «Мой друг Бенджамен» (Киев, Наири, 2020, отмечена премией имени Эрнеста Хемингуэя, журнал «Новый свет», Канада), «Нарекаци от Лилит» (Киев, Каяла, 2018), «Цвет граната, вкус лимона» (Киев, Каяла, 2016, отмечена премией В. Г. Короленко за лучшую русскоязычную прозу, изданную в Украине), «Падает снег, летит птица» (Киев, Каяла, 2016), «Скажи красный» (Астрель СПб, 2012), «Пепел красной коровы» (Азбука-Аттикус, Москва, 2011, рукопись отмечена премией Андрея Белого в 2010 году).

Публиковалась в литературных журналах: «Волга», «Новый мир», «Сибирские огни», «Знамя», «Интерпоэзия», «Литературная Армения», «Новый журнал» и др.

Условия игры. Инструкция

Ничего не бойтесь. Плодитесь и размножайтесь, любите, рожайте в муках — мальчиков и девочек, — чем больше, тем лучше, — ведь вы любите детей, растите их в любви, отдавайте лучшее, одевайте в чистое, ешьте из красивой посуды, полы устилайте коврами, стройте дома, пишите, читайте, говорите на языке соседей — дальних и ближних, — ешьте и пейте, почитайте отца своего и мать — и вам зачтётся, не возжелайте утвари ближнего своего, никакого добра его — выпекайте хлеб, пишите картины, пусть украшают стены — привыкайте к красивому, не забывайте о музыке, и ничего не бойтесь, пусть будут мальчик и девочка: мальчик будет похож на мать, девочка — на отца — услада сердца его, лучше по двое, двое мальчиков и две девочки, и ещё пусть будет самый маленький, его назовут Давид.

Пусть будет дом, и сад, и достаток, и дети ходят в чистом, пусть выучатся — ничего не бойтесь, мы это проходили, — у дома посадите дерево — пусть это будет яблоня, пусть цветёт и даёт плоды — всё равно придут и срубят под корень, и пристрелят вашу собаку, даже старую и глухую, пристрелят или перережут горло — всё равно, пусть будет дом, яблоневый сад — и старая собака, и много детей, пусть рояль и книги, картины и ковры — нас предупреждали, но мы не верили: всегда находился свой и чужой, кто-то протягивал руку, а кто-то первым входил в опустевший дом и выносил — книги, картины, посуду, ковры — всё, что оставалось после, — так было, есть и будет, жизнь прекрасна, но кто говорит о вечности: всегда найдётся тот, кто укажет путь убийце, кто захлопнет окно, когда вас будут убивать, сегодня вы сосед, завтра — жертва, сегодня вы яблоня, завтра — её плод, — ничего не бойтесь:

нас вырезали, душили, травили — мы прятались, мы учились прятаться и убегать, мы учились выживать, — пока наши дети учат ноты и разминают пальцы, эти тоже — разминают, они наблюдают — нет, не издалека, они всегда рядом, мы знаем их в лицо, иногда сидим за одним столом, а дети наши играют в одни и те же игры, — так было, есть и будет.

Располагайтесь надолго — будто вам здесь рады, не рассказывайте лишнего, не ищите примет, не произносите: резня и погром — пусть лучше смеются и верят в добро, пусть ходят прямо и будут свободными — от ваших слёз, причитаний, воспоминаний, страха, — пусть думают, что желанны, всегда и везде, пусть играют со старой собакой в саду и отпирают ворота входящему, пусть смотрят прямо, не опускают головы, не сгибают колен, — пусть яблоня даёт плоды, а за столом всегда вино и веселье, — «да» и «нет» не говорить, чёрного не носить, дверей не запирать, слухам не верить: вот ваш дом, вот яблоневый сад, вот его плоды, а вот — старая собака — так было, есть и будет, — мальчик и девочка, пусть младшего зовут Давид, — ничего не бойтесь: пока вы накрываете на стол, они уже идут, ворота не запирать, слухам не верить, собака сыта и давно не помнит запаха крови.

* * *

Всё, что случилось,
Уже потом.
Гул, обвал, тишина.
Дом, погружённый во тьму,
Вспыхнул огнём.
Это был явный знак, —
Тем, кто снаружи.
Мы живы. Мы есть.
Шорох, треск патефонной иглы,
Всплеск весла по воде.
Так начинался день.
В стаи сбиваясь, мы шли на восток.

Каждый нес то, что мог унести — книгу, огрызок
свечи.

Женщины древний лик, письмена морщин.

Будто роспись храма.

Обними, заклинает она, примеряя саван.

Чья-то жена, дочь.

У неё на груди имя отца или сына.

Что-то ещё...

Помню, нас было много,

Мы шли, покидая тех, кто уже не мог.

Или они покидали нас, не суть.

Погружённый во тьму, дом молчал.

Он всё помнил, каждым проёмом, окном,

Всех, кто в нём жил, и тех, кто, ушёл,

И тех, кто, наперекор всему,

Шёл (оставаясь на месте),

И, точно жук-скарабей, тащил этот груз,

На плечах, на спине...

Но что было потом,

Хоть убей, я не помню.

Ночь. Вокзал. Циферблат.

Вагон качало. Поезд шёл на восток.

Каждый, в ладони зажав,

Нёс связку ключей.

И это был знак.

* * *

Вот Ной.

Он разбирает дом.

Крышу, чердак, сарай.

Постой, — кричит Сатеник.

Что ж ты, старик?

Где твой ковчег?

Где твоё море, Ксанф?

Неужто придётся вот так,

Жилы вздувая, — перины, узлы,
Всё тащить на себе?

Вот и гранаты поспели,
Каждый размером с кулак,
Сладких зёрен полны.
Посмотри, — кричит Сатеник, —
Ногти мои черны.
Закрома набиты землёй.
Помнишь мой сон, Ной?
Львы, куропатки, волы.
Каждой твари по паре.
Кобылицы в тумане
Из тёплого молока.
Воют шакалы.
Охваченный заревом
Сад.
В нём зреет гранат, чёрный
От крови.

Ной собирает скарб.
Двери, окна, полы.
Погоди, — кряхтит Сатеник,
Спускаясь в подвал. —
Ты забыл? Зима будет долгой.
Неблизким путь.
В дорогу нужен кизил.
Вдруг захворает дитя.
Урц[*], самовар, инжир,
Засахаренный миндаль.
Как же в пути без огня?
Нужен горячий тонир^{**}.

---

* Урц (*арм.*) — чабрец, его заваривают как чай.
** Тонир (*арм.*) — печь, в которой пекут лаваш.

Носки из овечьей шерсти.
Едкий, точно земля, сыр.

Вот Ной. Он разбирает дом,
Лишённый кровли, замков и дверей.
Скатывает, точно старинный ковёр,
Землю, деревья, пасущихся лошадей...
Постой, — говорит Сатеник, придерживая живот.
Дом ещё не остыл, погоди.
Мне не впервой носить в себе жизнь.
Мне не впервой толкать её впереди.
А вид из окна он будет искать всегда.
И однажды, раскалывая гранат,
Вспомнит сад. Туман.
Бегущих следом собак.

* * *

Взрослые мальчики,
Читающие нараспев,
Живущие, как попало.
Женщины,
У окон слепых неспящие.
Вот и вершится история,
Вечность множится,
Повторяя сюжет,
Но никогда — лица.
Ну же,
Узнаем друг друга
На ощупь,
Пока эта ночь длится.
Огни по реке, ветер.
На турнике мальчишка.
Пока важны только бицепсы,
Голос немецкой
Волны из Кельна,

Сигареты
Из папиного бардачка.

Ну, и чтобы она посмотрела.
Не то чтобы явно, но вскользь,
Из-под косо срезанной чёлки.

Бежит по ночному городу
Пока только дочь.
Не жена,
Не любовница.
Метро закрывают в полночь.
А так бы — дышала, пела,
Не наблюдая времён.
В папке — Бетховен.
В походке — Равель.
Бежит, стуча каблуками,
В платье из жатого ситца
Невеста чужая,
Саломея, Юдифь, Рахель.
Ветер качает фонарь.
Для жизни нужна отвага
И много терпения,
Говорила ей мама.
Для жизни нужна лёгкость.
Она же неопытность.
Время, —
Вздыхает старик,
Пуская кораблик бумажный, —
Время играет с нами.
Вот и закончилось лето.
Люди в плащах суровы.
Где этот мальчик с бицепсами.
Где эта девочка с нотами.

* * *

Говорят, нам дали отсрочку.
Поиграйте, говорят, попляшите.
Порезвитесь на воле. Воздуху, что ли, вдохните,
Оторвитесь, ребята, по полной,
Пока не протрезвели,
Не расползлись, не осели.
В общем, увидимся, как-нибудь,

Уже после.

Там, говорят, всего вдоволь.
Кроме того, что отдирают с кровью.
Вы уж не помните, как.
Как это было. Уже не больно.
А, главное, уже не вспомнить, зачем.
А сейчас — пляшите, покуда сердце не лопнет.
Топчите землю, взбивайте её, трамбуйте.

Пока не заклеили, не забили,

Пока крест-накрест не обметали.
Не прошили канвой.
Чу! Послышалось слово — конвой.
Нет. Ещё не оно. Не верьте.
Лучше вот так, на бегу.
Убит, говорят, при попытке к бегству.
Пусть.

* * *

«Дивись»*, говорит, «дивись».
Как устремленные ввысь
Деревья плывут за окном.

---

* Дивись (укр.) — смотри.

Жизнь обещает быть долгой.

Дивись.

Я и дивлюсь.

Свету и тени.

Каждому мигу дивлюсь.

Будто молюсь.

На языке, прорастающем

на крови — Аствац[*], Элоһим ишмор[**].

Из каждой поры и капли — иди и смотри.

Вот алеф. Вот бет.

Видишь, скрижали эти истекают кровью.

Вот и слово «террор».

Так язык, обретая смысл, угасает во мне.

Я выталкиваю, хрипя,

глаголов поток. Низверженье основ.

Извержение слов.

Я умираю. Иссякаю с каждым мгновеньем.

Было «насквозь». Стало «скрізь[***]».

Было «вдаль». Стало вдоль.

Слово продольно,

Как боль.

Синева, ослепительная до слез.

Дивись, говорит, дивись,

как реки, луга, небеса, заполняют тебя,

будто сосуд.

Если любить, то, конечно же «скрізь»,

Звонкоголосо пение птичье. Многоголоса, сквозь

слово «марор[****]»,

И сладкозвучна жизнь.

31.05.2023

[*] Аствац (арм.) — Бог, Боже.
[**] Элоһим ишмор (ивр.) — Боже сохрани.
[***] Скрізь (укр) — всюду, везде.
[****] Марор (иврит) — горько, горькое.

Станислав Бельский

Поэт, издатель, переводчик современной украинской поэзии, прозаик. Родился в 1976 году в Днепропетровске. Работает программистом. Живёт в Киеве и Днепре. Автор одиннадцати книг стихов, включая «I versi migliori si sciolgono nell'aria» («Лучшие стихи тают в воздухе», «Лечче», 2023) в переводе Паоло Гальвани. Куратор поэтической книжной серии «Тонкие линии» (Днепр).

* * *

ночтснис: «миражизация тотальной войны»

начинаю не выдерживать разговоры
о ядерных бомбардировках

есть скромная вероятность не дочитать
даже тонкую книгу

* * *

тактика или
стратегия выживания

что-кто
не задевает
подводное ухо

тысяча певчих машин остановилась

прости сестрица изоморфия
привет братец снег

ты ни
чего не знаешь о снежных гусях
скоро заменишь за

мёрз
шие сполохи

ветки /должники-лошадки/

всмятку на чемоданах
вычтенное но пока живое

/сквозь декабрьский фильтр —
гирляндами хрупкими
киевскими леденцами/

разбираешь
тонкий ненужный свет

текст работает как ловушка для метода

спать ли в морозном подвале
пить ли горячее молоко

провесы в
каждой из странствующих меток:

«с облегчением узнаём что ещё присутствует на сцене
и прикрывает слово от ветра»

* * *

и царапины раскованной довесок —

длинный список смерти

в сезон
«гуманитарных обстрелов»

парк расснеженный
под стригущей метелью убийства

дважды выблюй меня понарошку
соляной столп культуры

тридцать семь из сорока ракет
шестьдесят из семидесяти шести

как если бы сослагательное наклонение существовало
в холодном обмершем квартале
на левом берегу днепра

лотерея времён зажмуренных

не могу словами белыми
не могу словами синими

(для ненависти нужна заслонка)

золотарь принёс в подоле
неощутимую пользу

(за неимением прозы)

быть стихопрозе вдоль балкона проклеенной
без очистных упрощений станет спокойней

так легко записывать длинные фразы
даже не задумываясь: куда в какую из книг

издадут ли её когда-нибудь братцы-волонтёры
книгу без света и тепла без воды но и без резкого
запаха

длинна ли очередь к соседнему бювету?

случай летит из пращура/прищура/клеща
просто чёрного плаща полнейший пиздец скрывающего

брут убивающий заснеженного авеля
каин целующий грохочущего арлекина

успеть подзарядить бессмыслицу по графику
включений

в человека ли мокрая станция?
характер починок заметен
по ряду блуждающих диоптрий

предлагаем заменить временно отсутствующий товар
украинский хлеб на молочную шрёдингерову
шоколадку

и прибавить панеттоне на день рождения друга

сало посолим с чесноком
полежит на балконе

холодильник большая роскошь в чернильные времена
электробритва тоже большая роскошь
компьютер без зарядной станции запредельная
роскошь

горячая вода — неистовое сбивающее с ног счастье

(появится ли на этой неделе?)

сбивающее — нет в переносном смысле
с трубами всё в порядке

ожидаем финал этого чемпионата

может быть весной

* * *

зафіксовано пуски ракет, перебувайте в укриттях

пуск здійснений о 06:50 з району волгодонська та
каспію. максимальний залп 124 ракети, враховуючи
морські носії

8:24 — працює ппо
9:06 — повторна робота ппо в києві та області

чтобы успокоиться
пишу тексты во время предновогодней атаки
только что были взрывы в нашем районе
самые громкие за всё время
но стёкла не дрожат как в офисе
квартира выходит на тихий двор

батареи уже холодеют
спешу помыться пока в трубах есть вода
с вечера запасли для питья несколько больших бутылей
заряжаю ноут и пауэрбанк
мама уткнулась в смартфон заказывает продукты
интернет может пропасть на сутки
так обычно бывает после ракетных ударов

делаем всё чётко
звоним знакомым
все живы и тоже заняты домашними делами

слышно как подлетает новая дрянь

ритмичные гудки сигнализации
у кого-то в машине сработала
от сотрясения мёрзлой почвы
прохожие идут без спешки
понапрасну не пугаясь

прокручиваю новости вместе с рекламой
головы сухие а руки спелые
в столице солнечное декабрьское утро
над киевом сбито уже 16 ракет
двух жителей вынули из-под обломков частного дома
продолжаются спасательные работы

минобороны так называемой рф
хвастает во время атаки запасами калибров
ждали мы ждали и вот дождались
спасибо недобиткам за поздравление
недолго им хвастать осталось

10:46 — отбой воздушной тревоги

в домовом чате: бывало и хуже

новогоднее хайку

ракетная атака —
на мосту
ревёт от страха тепловоз

Киев, 31.12.2022

* * *

что нового
в новогоднюю ночь?
взрыв за взрывом неподалёку
дом трепещет

* * *

отведи ногу, облачко, смерть

хочется выспаться

наслоениям пыль-
прозрачности
на
вес подойдёт
где червина мешана
с праздничной глоталью

подстрел паузы, ранние руки

без социальных мундштуков (простите)
для воробьиных чиханий

загорается смешно при переводе
в очках словно кустик
туманного солнца

тужильный читатель мясного ритма

дистанция истории обжигает

иерарх
лаокоона

не более детской ладоши
полосками

горизонтальными вкусами

здесь такой коворкинг наметился
по мелкотравью

не успело глухое уже садится
мирно как на верчеллах уксуса
в красных сапогах вместо чёрных

* * *

первым делом кофе

покачиваться на волнах
безвоздушных тревог

вставлять в разговор паузы
чтобы росло в сухой словесной траве
животное ритма

* * *

полностью холодные комнаты
выходят в сторону терм

на ветру гудит уравнение бойни

развоздушенный
функционал
маскирует структурную слабость

* * *

компактные игры под прицелом x-22

затишно тільки ракети шугають
потвори (по)вторят

(русский это звучит как трупный smell
живые хоронят живых
мёртвые хоронят мёртвых под рапсодии
воздушной тревоги

закопайте эту-любую русскую идентичность
чтоб не воняла
лишний повод избавиться от лишнего)

сообщения в чатах:

в киеве воздушная тревога
в днепре воздушная тревога

ну как же сегодня праздник
крещение

значит будут бомбить

ждём ракеты и дроны в гости

будем отпаивать себя крещенской водой из луж
ожидать крещенскую воду из сипящих кранов
ожидать крещенский свет из обесточенных люстр

сообщения в чатах:
застрелен при исполнении обязанностей двойного
агента
власти сна рассматривают возможность ударить по
крыму

в инсте и фейсбуке разрешат женские соски
насыщенная однако тревога

проверить что ли где здесь убежище
или как всегда положиться на случай

на бросок русских костей

в январе бывает радуга
не запретили
не покрыли маскировкой

в дверь стучат: на этаже
подростки-колядники посевают

тревога продолжается
по всей Украине тревога

четверговая удавка

загальне затьмарення: у небі
у просторі у часі

Днепр, 19.01.2023

хайку февральского утра

неожиданный блэкаут
шагаю в офис
по тающему снегу

Дмитрий Близнюк

Поэт из Харькова. Публиковался в Rattle, The Nation, The London Magazine, Prairie Schooner, Khreschatyk, Pleiades, Another Chicago Magazine, Poet Lore и многих других журналах. Сборники стихов: на английском, в переводе Сергея Герасимова — «The Red Forest» (Fowlpox Press, 2018), на русском — «Сад брошенных женщин» (2018), «Моментальное фото» (2020), «Утро глухонемых» (2018), «Снегопад в стиле модерн» (2020), «Нас нет, только тени в стихах» (2021). Неоднократный номинант Pushcart Prize, победитель RHINO 2022 Translation Prize.

* * *

прорастают зубы-звуки
бешеной циркулярной пилы.
и бомбардировщик
схлопывает небо как книгу.
рассекает его надвое.
ты от ужаса сжимаешься в «я» «мы»
точно в спасательную шлюпку, посланную Господом.
целиком не помещаешься,
накрываешь собой свою маму быстро и грубо.
а ваш оглушённый ангел хранитель
на ощупь лупит крыльями по линолеуму
как альбатрос по палубе.
вы где? вы ещё здесь?
живые?
мои родные.

небо лопается от взрыва.
наливаются розовым — марганец —
продольные глаза зверя
горизонта.
это трепанация несчастного города
отбойными молотками.
стены дома дрожат словно кони
чувствуя запах волка.

* * *

не спрашивай меня по ком.
не спрашивай меня.
этот колокол звонит сам по себе.
колокол как жирафёнок заблудился
в жутком бетонном лесу
разрушенных домов, школ и больниц,
развороченных танков
и сожжённых машин.
пульсирует как больной зуб вой сирен.
новое утро в земном раю.
в саду монстров.
доброе утро,
всем доброе утро.

* * *

начинаешь писать, пока ракеты как крысы
отрывают от города куски.
стена бросается в ноги — усатая борчиха.
не имеет значения сегодня понедельник или
воскресенье. с дней недели содрали скальпы,
окровавленные пеньки сливаются в рану.
ангелы покрыты известью.
прифронтовые города стачиваются как зубы,
дома мгновенно сгнивают от кариеса

ракет и снарядов.
выстрелы переплетаются и шипят
точно змеи разных крупных и мелких пород,
запускают воздушных электронных дьяволов.
скручиваясь и раскручиваясь как дракон на турнике —
полыхает завод,
вытесняя закат.
стакан с шерстью выпить залпом.
в горле пересохло. выйди и получи.
падающие с неба быки.
напуганные тореадоры жмутся к земле.
сожжённая техника
как дохлые землеройки в саду великанши,
и ты замираешь от медленного как каток
животного ужаса,
адреналин словно окись на батарейках,
немота до корней.
очертания яблонь в летней тьме,
огненные айсберги среди синих чернил.
тёмные ящеры засохших гусениц в грязи.
чувство бессмертия
поставлено на клавишу «пауза»,
а сверху придавлено обломком кирпича.

* * *

выпотрошенный голубь распластан.
вмёрз в лужу с аккуратно выгрызенной грудкой.
рассыпанные пух и перья смёрзлись,
перемешаны с хлопьями снега.
распятие зимних дорог.
а рядом лужа с наледью на дне, пятна от капель,
это леопард-альбинос прячется в плоскости,
вылинявшее зазеркалье,
там, где Бог похож на камбалу
и не может рассмотреть нас в три де.

* * *

подростки с рюкзаками нагло и ровно
смеются здоровьем,
заливаются молодостью, как лампочки Аладдина.
на них смотришь издалека,
из перспективы, где замки обратились в руины.
заросли бурьяном тропы в саду.
бездомные собаки рыщут как дайверы.

призывный рёв электрички-самки,
несколько серебряных пломб в строке.
твои уста сгнили как вишни и ребёнок
спит в прицепе.
грациозная серая шея разлуки.
будущее, его разные вариантики, как попрошайки
в бедной африканской стране —
наглые, напряжённо-улыбчивые —
ломятся в окно старого «мерседеса».
но я уже не верю в будущее.
этот хвост никогда не отрастит
сбежавшую ящерицу.
но только рисует её голограмму в уме.
я уже забыл, кто я на самом деле,
и кого имитирую, даже во сне.
хамелеон ослеп,
принимает окрас внутренней тьмы.
и шипит в прихожей зеркало как карбид.

* * *

«сегодня» вросло во «вчера»
как ноготь в кость.
ещё один серый сумасшедший день,
страшная выжидательная сука войны.
размазан маслом с кровью
бутерброд в осколках стекла.

Страд ивари, выварка, страдание.
тонкая, просвет капилляров, ночь.
и ты среди хаотичной тьмы.
и десять тысяч красных черепах
ползут на тебя.
ты остров, чтобы размножиться мирам.
но танки давят ползущих черепах.
машины давят крадущихся черепах.
альпийская горка со свежими черепами.
остров от крови и мертвецов
становится полуостровом.
усатый кентавр цвета хаки
с фонарём
ковыряется в паху механического коня,
и небо червиво ракетами.
небо исподволь наливается смертью,
тайно зреет как женская грудь
раком молочной железы.
дожить бы ему до утра
прозрачным куском прозы в глазах.

Груз 25

не принимай близко к сердцу.
не принимай.
маленькая девочка с грязным как яблоко лицом
ковыряется в носу.
другая, в веснушках, мечтательное облако
с золотой пеной волос, жует карандаш.
её рот синий или это уже тень
от падающей бомбы,
которую придумал разум и сбросил человек.
два цветка жизни, не произноси их имена вслух,
так им легче будет войти
в твоё сердце и разорвать его на куски.

лучше — цифры.

если взрослый убитый — это груз 200, то ребёнок

наверное грузик 25 — один к восьми.

рассуждаешь как логический маньяк.

но сердце сопротивляется, мечется, брыкается.

ищет выход/вход —

гадюка запуталась в пустом пододеяльнике.

обломки шпалер, обгоревший виноград.

не принимай, не принимай.

сердце — трансформаторная будка,

надпись «не подходи — убьёт

любовью».

а ведь каждая цифра погибших от бомб 4, 17, 23, 50 —

это спрессованный пепел, сожжённый плод с семенами,

жизнями людей, детей.

их грустью, улыбками, планами, мечтами.

теперь эти миры утрачены.

но цифры гипнотизируют,

так кролики успокаивают змею — не плачь, змея.

будет больше цифр, меньше горя.

цифры — серые дыры — впитывают остаточный

человеческий свет.

было две девочки. нет. их не было.

и учительница младших классов Ира

точно молния-одуванчик парит

по сожжённому району. ищет своих учеников и учениц.

все живы? кто в классе? перекличка по алфавиту.

но нет букв.

цифры, цифры.

не принимай близко.

они не твои.

у тебя сердце не как у жирафа, не такое

сильное, чтобы качать кровь аж на четвёртый этаж.

сердце сопротивляется — пусти.

но разум отказывается верить и принимать.

Книжечка-раскраска.
вот этого бегемота недораскрасили. синий.
почему синий?
разве бывают синие бегемоты?

настоящая боль придёт позже.
крылатый медленный вестник
похожий на крупную осу.
куда ему обогнать ракету? он только
сможет догнать тебя
через недели, месяцы. и заглянуть в глаза.
осиное гнездо над дверью.
тогда возьми стремянку и бейся головой о гнездо.
до крови.
грызи его зубами.
подставляй лицо под гудящую струю
обжигающей освобождающей боли.
зуммер, грозное вязкое жужжание, сотни жал.
но ты впитаешь всем сердцем, памятью
всё, что видишь, чувствуешь.
будто от этого зависит твоя жизнь,
совесть вселенной, которая только в зачатке.
настоящая боль придёт позже
с опозданием — точно звуки
выстрела, раскаяния и разлуки.

зуммер, грозное вязкое жужжание, сотни жал.
о моё небо из ос, оно
летит за мной. я подожду. некуда спешить.
я здесь, Яна, Лиля. я вас жду.
мое сердце открыто.

выпьем сок с конфетами. подурачимся.
дораскрасим сказочного бегемота в синий.
жовто-блакитный.

* * *

взрывы-кашалоты
тяжко испускают фонтаны
кирпичного крошева и пыли.
женщина с кульком: крупы, консервы.
сборщица моллюсков,
отлив обстрела.
получила гуманитарку.
нужно быстро вернуться домой, если он цел.
принять душ, переодеться.
взять паспорт, лекарства.
спуститься в подвал.

люди разбегаются как гончие от зайцев.
труп собаки в траве: земля удивлена,
ей не хочется её глотать.
так русалку насильно заставляют
пить рыбий жир.

пацан глазами в землю лежит:
две божьи коровки
занимаются любовью на куске кирпича.
а где-то за спиной циклоп давит дома.
ощупывает, крошит овец. ищет Одиссея,
его жену и детей.
и некая больная безумная цель
втягивает пацана за собой
точно громадная волна у берега.
царапает тело о песок. наждак. волочёт.
вскочи и беги.
но куда? а мессия
мог гулять по волнам,
по земле и асфальту
под снарядами?

* * *

квартиры крошатся под взрывами
как трухлявые пни.
машины сгорают точно тополиный пух.
тишина вздувается
и лопаются бетонные пузыри.
беженцы сидят и лежат на матрацах и карематах
внутри метрополитена.
подземный пляж.
а снаружи бухают волны.
но никто не хочет выйти в вертикальное море смерти,
искупаться взглядом, лицом
окунуться в небо города.
нет уж. лучше болезненный загар от ламп.
а каждый взрыв уносит чью-то жизнь —
чёрный аист, похожий на птеродактиля,
смазан соляркой.

солончак

я всё видел.
печальный ангел-хранитель,
обвисшие крылья покрыты бетонной пылью,
сидел на обгоревших камнях в сожжённом доме.
вся семья погибла быстро
будто отсосали зародыши.
точно и не было никого.
теперь ангелу нужно встать и идти по осколкам
утиными лапками хрусть-трясть,
искать новых людей для защиты.
однажды вечером сюда придут
огненно-оранжевые, чуткие лоси заката
на солончак горя,
и будут жевать, лизать вкусную землю,
где нас уже нет.

* * *

ты столько раз умирал во сне,
что один раз уж точно выдержишь наяву.
душа покидает тело за секунду до.
поднимается над тем, что было домом,
тальник, рыбацкая шхуна, тебя уносит по спирали
горячее течение,
тебе кажется, что ты летишь, мошка в клею,
раскинул руки — теперь это отростки
светящихся трубок.
теперь ты — фантастическое существо
с шестнадцатью глазами на лице,
задран как подсолнух,
но тебя никто не видит,
и контуженный сеттер от страха
перепрыгнул забор,
соты зернистого света, и этот шум, звон.
пчёлы, пчёлы, ты ещё задеваешь ступнями
крыши обгоревших автомобилей,
но удивительно — нет следов сажи,
и там, где были ноги, теперь —
ножницы неподвижности.
стебли чёрно-зелёных воспоминаний точно водоросли
залепляют твое лицо, а вязкая глина
склеивает рот, конверт,
уже больше никогда.
ты хочешь это сказать — про себя, вне себя,
но проходишь сквозь слово — как рука призрака
сквозь ярко-красную жестяную банку кока-колы,
тебя прижимает к балкону
тринадцатого этажа, к опоре,
что осталась после взрыва ракеты, зачем?
здесь жила она, вторая любовь
всей твоей жизни — сонная, большеглазая,
похожая на удивлённого птенца аиста,
давай, исчезай,

спиной к реке, пока дьявол не прокукарекал,
а артиллерист не докурил,
и дробится тяжёлое белое небо,
живот дельфина, прошито снарядами,
танками, тёмными силуэтами громадных грачей
на картофельном поле у реки, по мосту
с грохотом несутся легковушки, визжат
как первоклашки,
в руках у ангела сломанная рука,
ветка странного дерева, ты был им когда-то
однажды, но память вытекает быстрей, чем кровь,
прижат к свае небритой щекой,
глаз, проглотивший реку и завод за рекой.
не страшно, страшно, жутко, смешно,
ты знал это всю жизнь и немного дольше.

однажды
все твои картины исчезнут в огне
и выйдут по ту сторону пепла.

Игорь Божко

Родился 1937 в Харькове. Окончил отделение живописи Одесского художественного училища. Работает в области живописи, графики, скульптуры. Член НСХУ (1995). Член Национального союза журналистов Украины. Кинорежиссер, сценарист, художник-постановщик, актер и композитор. Опубликованы книги прозы «Цвета памяти» и стихотворений «Очередь», «Сухая трава», «Год воробья», пьеса «День молчания».

ВЕСНА 2023

небо с дождями лежит на деревьях
деревья цветут и вполнеба — апрель.
дождь перекошенный мокрый и древний
то лужи как лужи то — грязная мель.

в лужах больших головастики пляшут
машут хвостами пуская волну
а на полях уже пахари пашут
кроя — невинную эту весну.

лемеха плуга вгрызаются в землю
трактор как злая собака рычит.
дрон охраняющий небо не дремлет
ищет ракеты — днём и в ночи.

ВЕСНА

надену тёплые домашние штаны
и кану в новости — за свой компьютер
что в мире делается — с нашей стороны
и с тараканьей той — в последнюю минуту

последняя минута говорит
что скоро мир с победою сроднятся
ну а пока что — то грохочет то горит
и в полный рост в окопах не подняться

в начале третьего сниму свои штаны
и лягу спать под скучный вой сирены
под взрывы залетевшей «сатаны»
под запах расцветающей сирени.

04.05.23
18.04.23

* * *

генеральская фуражка
на крышке гроба
и триколор.
ветерок шевелит складки —
это красиво.
это радует глаз.
красота спасает мир.
как может.

18.03.22

ДОМ В ДНЕПРЕ

девушка среди обломков
сидит живая
между седьмым и шестым этажом

после попадания русской ракеты
в жилой дом

она сидит
между седьмым и шестым небом
оглушённая взрывом.
ангелы смерти кружась рядом
удивляются — что она ещё жива

но вот спасатели протянули лестницу
и помогают ей сойти с небес
на землю...

Ты же видишь! Ты же не спишь!
Ты же накажешь тварь лютую
за страдания невинных!
Так хочется верить —
что они не скроются от очей Твоих.

15.01.23

* * *

не бойтесь дети темноты
да! — в ней взрываются ракеты
но там же с Боженькой — на «ты»
живут хвостатые кометы

не бойся старость темноты
в ней бледная от красоты
гуляет тётенька с косой
по битым кирпичам — босой

и там же в этой темноте
крича рождаются планеты
и феи делают конфеты
чтоб было сладко в животе.

17.12.22

(из цикла «простые вещи»)
ГЛАГОЛЫ

идёт война
мы победим
война закончилась
мы победили
путин сидит в тюрьме
ждёт казни
казниться ему не хочется
он сам под себя мочится
он сам под себя какает
про эмпатию вякает.

* * *

небо бахкает с утра
небо — обгладывает ракеты
природа она мудра
ракеты как сигареты
только большие очень
как чёрные дни и ночи.

а у меня ж свидание
я — одно ожидание
в уме одни безобразия
лирическая моя азия
бесстыднейшая моя европа
с ароматом укропа.

будет обидно если
убьёт ненароком взрывом
прощай тогда — мои песни
ракеты летают криво
не успеешь моргнуть глазом
как свидание — медным тазом.

но вот и отбой тревоги
несут меня мои ноги
жизнь кипит в изобилье
и вырастают крылья
как у воробья смелого
как у воробья серого.

21.06.22

ОДЕССКОЕ БЕРЕГОВОЕ

по горизонту рыщут чужие корабли
акулы ищут пищу за грязные рубли —
«продайте нам картошки и полмешка пшена»
одесса отвечает — «да пошли вы на!»
и корабли в обиде рычат жуя соплю
ах чёрное / ах море — я тебя люблю.

* * *

он держался за мамкину юбку
он с ней говорил матом
он вырос и стал солдатом
он к нам пришёл с автоматом

не укради —
ни Крым ни Мясорубку
наказан будешь двояко:
твой труп горе-вояка
бродячая сожрёт собака

но перед тем как сожрать
ты будешь с дырой лежать
ты будешь лежать синий
брошенный тут — своими

и мамку ты будешь звать
и поминать — блядь
через каждое слово — блядь
медленно умирать.

16.04.22

* * *

осень / война / запустенье
разрушена кафешка «весёлый кролик»
сумрачно смотрит поэт-алкоголик
...нет вдохновенья.

не хочет он писать
о взрывах / чёрных дымах
о разлетающихся домах
о покалеченных арматурой
...русской культурой

весна / война / всё цветёт в парке.
ворона сидит на входной арке.
военный корабль — на почтовой марке.
«трёхсотый» слон в зоопарке.

02.05.23

РАДОСТНЫЙ ДЕНЁК

выдох-вдох выдох-вдох
наконец-то путин сдох
паранойное мурло
сдох хуйло!

пляшут Киев и Москва
и полено и доска

даже мутное ОРДЛО —
сдох хуйло!

пляшет наш шпион Шойгу:
«посмотри как я могу!»
пляшет мерин-поц Лавров —
застывает в жилах кровь.

лихо пляшет шар земной
наконец-то — боже мой!
сдох плешивый наконец
и войне — пиздец!

12.03.22

* * *

«привези мне сынок стиралку
за неё можешь жизнь отдать
без стиралки — получишь палкой
хрясь! по черепу — твоя мать».
«вы мамаша свалились с дерева
или пили палёный спирт
ваш сынок (блядь!) давно без черепа
под кустами в канаве спит».

13.05.22

РОССИЯ СЕЙЧАС

она смотрит зло и гордо
распахнув в пивную дверь
родила россия чёрта
и под ним она теперь

пьёт мочу второго сорта
без особенных затей

даже молится под чёртом
даже делает детей

и под ним в тоске рожает
с матом в грязи и золе
и под чёртом умирает
на чужой земле

чёрт ей дал войну — как благо
голод даст потом — и мор
а пока что смотрит нагло
из своих зловонных нор.

21.03.22

* * *

роды / женщина рожает
наконец-то родила
  — у вас мальчик! — сообщают радостно
получился чикатило
  — у вас мальчик! — получился путин
и так пол-россии
всем хочется убивать пытать и насиловать
  — у вас мальчик!
  — очень хорошо — говорит мать
  — теперь будет в доме холодильник и телевизор
стиралка и унитаз — всё как у людей
а погибнет в Украине — ну и хуй с ним
  — значит не судьба чтоб.

* * *

света нет / света нет
но будет
надо ждать / надо ждать
мы и ждём

серый день / серый день
но скоро дадут снег
белый снег / чистый снег
серебристый как...
мусик спит / мусик гном
на то он и собака
дайте свет / дайте свет
думаю что скоро

деменция придёт
света не найдёт
спросит — где же свет?
а за окном уже ночь
но дадут дадут дадут
свет
и всем фонарики
чтоб в темноте не сбила машина
жизнь налаживается
стихи пишутся сами по себе
все смотрят на лампочку
надо долго смотреть на лампочку
лампочки любят чтобы на них смотрели
деменция тоже всех любит
любовь и красота
поджидают каждого за углом
света нет / света нет
но есть покой и воля
стих без бровей

а что радует / так это то —
что иногда
где-то за стенами
повякивает лялька
покрикивает новорождённая
приятно так заявляет о себе:
«я пришла в этот мир

из других миров
а у вас тут — то воздушная тревога
то света нет
то дома взрывами разносит».
лялькин голосок за стенами
заставляет хотеть жить

и свет будет
и мы победим
сначала коррупцию
потом на фронтах
и всё жалкое в себе.

23.01.23

* * *

снова и снова приходит на ум
сладкое слово — Изюм.
Боже всесильный Ты нас услышал
кот украинский — российские мыши.
гонит их кот по полям и лесам
кровь говноедов течёт по усам.

11.09.22

СЕГОДНЯ

что ты есть — душа россии —
не всемирное ли зло?
что ты есть — душа россии? —
чикатило и хуйло.

смрад твой носится над миром
над УКРАИНОЙ повис
«замочи себя в сортире» —
любий путя-мракобіс.

27.02.22

СЧАСТЛИВЧИК

(из цикла «Украинский пейзаж—2022»)

война — на радость воронью
по разным рощам и полям
оно лоснится тут и там
припавшее к гнилью.

посверкивает синий свод
блестят глаза и клюв.
поджаривает труп-Zеро
прожорливый июль.

в глазах ещё смеётся спирт
а уж оркестр — из мух.
свезло ему — без долгих мук
так счастливо — убит.

ну что ж — бывает что везёт.
так люто / страстно / так взахлёб
целуют мухи рот.

02.06.22

ТАК ЕСТЬ И БУДЕТ

сегодня россия
четырьмя ракетами
просто так
ударила по Полтаве.
и мир не содрогнулся.
мир привык.
увы...
упыри продолжают пожирать
чужие жизни.
но души невинно убиенных

становятся небесным воинством
и они уже помогают живым
бить подлую нечисть.
даже души собак и кошек
воробьёв и других птиц.

ни один из упырей
не сдохнет лёгкой смертью.
многие сойдут с ума.
водка и мухоморы —
помогут им в этом.
это — закон мироздания
самый справедливый и крепкий.
каждый полтавский кирпич
стекло и камень
окажется в утробе орка.
и временная тупая их радость
однажды вдруг
станет поперёк горла.

02.04.22

(из цикла «Украинский пейзаж—2022»)

там на краю истории
где редиска ранняя и салат
передвижной военный крематорий
утилизирует убитых солдат

горят они как мусор
у кочегара под носом вызревает сопля
руководит процессом старлей с пузом
а вокруг украинские (блядь!) поля

пепел выбрасывается тут же
ветер кружит его в клоунской пляске

оседает медленно в майских лужах.
звёзды на касках.

05.2022

* * *

солнце нам ху@рит в спину
нам х@йло — отец и мать
мы пришли на Украину
украинцев убивать

хаты нах@й их разрушим
разворуем / перебьём
и детей их передушим
ихних баб перееб@м

нас как тараканов много
заползём в любую щель
говорят — х@йло убогий
ну х@й с ним — наша цель

Киев взять с полоборота
...ну не вышло — мертвецов
полегла за ротой рота
харкнул Харьков нам в лицо

в животе как блюдце — дырка
что за хрень? и кишки врозь —
...вой то сдавленный то дикий
да / вот так вот... (кровь и дождь)

а х@йло — жене и сыну:
«блядь! погиб солдат не зря».
в небесах над Украиной
май и... тихая зоря.

07.05.23

* * *

тёплый вечер возле нашего подвала
на бесцветной улице — увы
торопливых пешеходов мало
манекен сидит без головы

это осень темноты прощальной
обниманий ненасытных рать
отголоски нежности подвальной
манекену безголовому под стать

в темноте привычный вой сирены
в арке неба чья-то смерть летит
это осень — с запахом сирени
«и звезда с звездою говорит».

14.10.22

ПРЕДПАСХАЛЬНОЕ

тесто к пасхальным куличам
когда поднимается в своих формах —
любит тишину.
Наташа всё время
прикладывает палец к губам —
всем молчать.
нельзя даже скрипнуть дверью.
у неё всегда всё это —
получается самым вкусным
на всей планете не найдёшь вкуснее.
сегодня Одесса с самого утра
в пасхальных заботах.

взрыв ракеты разорвал и перекорёжил воздух
она ударила в дом невдалеке от нас.
в одно мгновение путин сожрал

пасхальное тесто
вместе с домашними животными
и жильцами многоэтажки
в спальном районе.
а в самом городе
всё ещё сыпались с неба
осколки других ракет
сбитых нашей
противовоздушной обороной.
а так всё спокойно в нашей
предпасхальной Одессе.

23.04.22

ФОТОГРАФИРОВАНИЕ

осень в парке городском
львы запрятаны в коробки
в небесах как в горле ком —
колокол... но вот вам фотки

это — буро-жёлтый лист
это — (так себе) мотивчик
это — ветки / дождик мглист
это просто — профиль птичий

тянет нищий гармонист
звуки тонкие как нитки
вдоль аллеи дождик мглист
зеркалом в аллейной плитке

вот и всё. отбой тревоги —
колокол замолк уже
как всегда — промокли ноги
но светлеет на душе

это — пёстрая аллея
с небом цвета — «крик ворон»
это — дождик мглистость сеет
шелестом со всех сторон

это — под зонтом старушка
а за ней «мадам клико»
(на лице) и нос и ушки
в пьяном стиле — рококо

это — мальчик с самокатом
это — женщина с ведром
это — девушка с солдатом
это — умный с дураком

ну вот так... нащёлкал фоток
осень в парке городском
я фотограф тих и кроток
всё сутулясь / всё пешком.

ах! а это кто такая?
(нос с горбинкой / трубка / шаль)
неужели это Тая?
нет. ошибся (блин!) а жаль

я б красиво снял бы Таю
(как пьёт / как улыбается)
я б красиво снял бы — знаю...
жаль — не попадается.

22.11.22

ФОТОГРАФИИ С ФРОНТА

(из серии «Украинский пейзаж—2022»)

стоит подбитое ZaliZo вдоль дороги
его двухсотые то там то тут гниют
над ними облака возвышены и строги
над «долг отдавшими за родину» плывут

прими плешивый «долг» своих Zольдатен
их смерти жри и пей — и подавись
их матери — хмельны (из судорог и пятен)
с колен пока ещё не поднялись

а осень заметает / загребает
в осенний цвет ZaliZo и тела
все имена их роща забывает
и только плесень гнили расцвела.

Максим Бородин

Поэт, музыкант. Родился в 1973 году в Днепропетровске. Учился в Приднепровской государственной академии строительства и архитектуры. Сооснователь альманаха своевременной литературы «Стых» (1999—2009), литературного фестиваля «Крик на лужайке» (2005—2009) и музыкальной группы «Пальто Sorry Бэнд». Автор пяти поэтических книг. Стихи переводились на итальянский, польский, болгарский и английский. Пишет на украинском и русском языках.

* * *

(вычеркнутому верить)

I (1)
                1937
мой папа родился в 1973 году
                2010
уже после расстрела Тухачевского (12.06.37)
Уборевича (12.06.37)
Якира (12.06.37)
но ещё до расстрела Ежова (04.02.40)
мой папа ребенок большого террора

                1930-х
бабушка в начале 1970-х работала няней в семье
какого-то партийного начальника
                2010-х

1935
его репрессировали в 1999
2023
он был троцкистом
или левым уклонистом
уже не важно
1937
сейчас рождаются дети 2023 года
2025
1941
растут дети 1968 года
2014
кто они по гороскопу
по состоянию
души
1947
старшая сестра папиной мамы в 2023 получила срок
2025
за колоски
колхозный бригадир написал донос на нее
три (3) года исправительных работ на шахтах
бабушка ездила к сестре каждый месяц
не долго (3 года)

II (2)
                     война
когда началась спец (24.02.22)
                операция
папе было четыре
сразу же они с бабушкой перебрались в село
                немцы
там были румыны
                наши
после войны возвратились в город

<pre>
                    1947
дедушку демобилизовали в 2024
                    2027
в начале войны он служил в инженерных войсках
взрывали инфраструктуру за отступающими
бабушка рассказывала

                    1941
что он в августе 2014 заехал домой увидеться
                    2022
через полчаса после того
как он поехал дальше
                        немецкие
на улицу въехали русские мотоциклисты
                        китайские
бабушка
пока не освободили
думала
что дедушки нет в живых (22.08.76)
в первую военную зиму дедушка провалился под лед
воспаление легких
туберкулез
одно вырезанное легкое
на фронт он так больше не попал
танковое училище (41.47820244720314, 69.57240214107323)
после учёбы оставили там же
медаль за победу
и фотография с погонами младшего лейтенанта
</pre>

III (3)

1941 по 1943

в оккупации с 2022 по 2023 бабушка с папой были в селе

1968 по 1970

на её родине

там были немцы

однажды папа заболел

температура

простуда

кашель

постоялец принёс лекарство

но бабушка так и не дала их папе

не доверяла

папа вырос здоровым (1937 — 2008)

про войну он особо не рассказывал

больше про «после войны»

левом

после возвращения в город они жили на правом берегу

левом

рассказывал

там

где сейчас пятиэтажки

были песчаные кучугуры и стояли бараки

немцами

с пленными русскими

бурятами

они восстанавливали разрушенное

и строил новое

1950

домой их отпустили в 2025

2038

IV (4)

мама всю войну провела в эвакуации в Новосибирске
Варшаве
Ивано-Франковске
она тоже 37 года рождения (1937—1981)
дедушка до войны работал на большом металлургическом
заводе

когда начались авиационные налеты
бомбардировки
оборудование стали вывозить подальше от линии фронта
грузились в эшелон
долго ехали

августе 1941
сестра мамы родилась в поезде по дороге в марте 2022
июле 2014

когда я был маленьким
мама часто рассказывала
как они жили в эвакуации
1944
домой возвратились уже в 2023
2015
мирный город
мама закончила строительный техникум
потом строительный институт

V (5)
14.01.2023
23.07.2022 ракета прилетела в дом на набережной
10.10.2022

я был недалеко
такое оглушительное чувство
что невольно пригибаешься
чтобы тебя не задели воспоминания

и эта война

100

которая длилась 35 лет

8

23.12.2046
Херсон

Ольга Брагина

Поэт, прозаик, переводчик. Родилась в 1982 году в Киеве. Окончила факультет переводчиков Киевского национального лингвистического университета. Автор книг «Аппликации» (2011), «Неймдроппинг» (2012), «Фоновый свет» (2018), «Речь похожа на карманный фонарик» (2020), «Призмы плеромы» (2021), «Пелікани» (2021), «Вода пам'яті / Woda pamięci» (2022). Публиковалась в журналах «Воздух», «Волга», «Цирк «Олимп»+TV», «Парадигма», «Контекст», «Лиterraтура», «Двоеточие» и др. Стихи переведены на 22 языка.

* * *

земную жизнь до половины пройдя я оказалась
                     посреди бесконечной войны
нет не то чтобы бесконечной когда-то она
              закончится даже столетняя война закончилась
«вы находитесь здесь»
Данте поместил всех своих врагов в разные круги мы
            читали примечания про этих врагов но не знали
            контекст перевода и издания этой книги
«вы находитесь здесь в контексте войны»
сейчас все говорят что знали что будет война нет
             я ничего такого не знала
на самом деле мне что если нравилось в жизни —
             это чтение книг
если бы книги отняли — я бы почувствовала, что война,
       в бабушкино село книги привозили два раза в неделю

любовные романы про 18-й век и детективы ну а что
    ещё нужно жителям села ведь правда что ещё
«вы находитесь здесь»
когда я приезжаю в Европу люди не понимают
    что такое бомбежки нет что такое бомбежки зачем
    это слушать
и я говорю нет я не хочу чтобы они поняли это
я не хочу их винить за то что они сидят спокойно
          в кофейнях
и не знают где ближайшее бомбоубежище в их районе
мне хватает знаний о бомбоубежищах нашей страны

       * * *

в субботу увидела в Ботаническом красивого мальчика
    подумала что могла бы идти сейчас рядом с ним
    нет конечно же не могла бы
потому что внутри меня антиматерия всё
        выворачивающая наизнанку
я не знала бы о чем говорить не знала бы что я вообще
      делаю в этом Ботаническом
нет здесь просто красиво конечно и свежий воздух
    магнолии цветут нужно гулять нужно делать фото
нужно говорить что мы живы несмотря ни на что
       и можем любить наверно
только это теория всё нет у этой ткани изнанки
нет я уже привыкла ездить в центр не слыша сирены
привыкла слушать рассказы беженцев из Херсона
        на остановке
привыкла думать это мой город неужели это мой город
       он настоящий
не декорации построенные ради войны

* * *

в 2010-м мы ходили по дому-музею Волошина,
и думали как хорошо он молился за тех и за этих
нет мы не знали те мы или эти за сто лет так всё
                                        перемешалось
жандармы рабочие завода русские украинцы поляки
так всё перемешалось что было бы непонятно за кого
            здесь молиться если выбирать одну из сторон
да в 2010-м Крым был наш но мы не думали чей там
                        Крым тем более — Коктебель
меня больше волновало что мои стихи никогда
                                        не похвалят
ни на одном семинаре их не похвалят
тогда меня волновало что стихи не похвалят на семинаре
а сейчас волнует не попадёт ли в наш дом ракета
смогу ли я доехать куда мне нужно или всех отправят
                                в бомбоубежище
сейчас в виде бонуса бомбоубежище и генератор
я хочу пойти на экскурсию в особняк Терещенко
        где сейчас Медицинская библиотека в которой
        работала моя бабушка
когда-то один раз она привела меня туда я теперь помню
что и повода не было наверное просто показать
            бывшим сотрудникам после выхода на пенсию
теперь я хочу пойти туда на экскурсию пишут
                        что бомбоубежище есть

* * *

год назад мы не знали на самом деле ничего взрывы
            звучали было слышно что рядом но где непонятно
днём даже было спокойно мы ходили в магазин
        там стояла очередь на улице запускали по несколько
        человек но магазин работал
вот аптеки закрылись потому что всё раскупили

я прочитала в фейсбуке что бомбят поезда что люди
                    едут стоя сказала нет мы пока не поедем
так вот днем выходили в магазин ночью слушали взрывы
на десятый день я сказала а теперь мне уже интересно
                                что будет дальше
значит до этого «дальше» надо дожить
год назад мы не знали ничего не знали про русский танк
                                на Оболони
только когда ехали на машине нам показали место
                        куда попала первая ракета
я даже не помню где это место Киев был такой
                        пустой впервые без пробок
такой пустой и солнечный совсем без людей
                    на улицах только блокпосты на дороге
на самом деле я привыкла к взрывам в польской
        деревне всё время смотрела на небо и спрашивала
            а куда летят эти самолёты
а куда летят эти реактивные самолёты
и что это за знак что два самолёта почти столкнулись
                    в небе как нам кажется отсюда с земли

* * *

в стране война а я хочу булочку с творогом и ванилью
ехать в Европу и не видеть вывеску «тут ви в безпеці»
чтобы безопасность была везде а не только по невидимой
                                линии фронта
вот сюда ракета может упасть а дальше нет никакой сирены
самая вкусная булочка с творогом и ванилью была в Праге
мы пошли на кладбище где похоронен Кафка
с родителями потому что его сестра умерла в концлагере
                            лампадки цветы рядом
в стене таблички людей чьи фамилии нам ничего
                    не говорят но которые тоже
оказались в концлагере безопасности нет нигде
        где бы ни была самая вкусная булочка с ванилью

если кому-то не нравится твоя фамилия или язык
                    ты станешь табличкой в этой стене
словно в декорациях города где дорогие гостиницы
                                    и туристы
я смотрела на нищих которые просят милостыню
                    на центральных улицах города
как-то так на коленях сгорбившись среди всей роскоши
                    меня больше всего покоробило это
даже если бы у нас не было этой войны

* * *

год назад я приехала в польский домик в деревне
в деревне где живёт бывший президент Польши
                    где сдают домики туристам
в стопке журналов польского аналога «Дом и усадьба»
был один журнал со статьёй про Сильвию Плат
у меня половина переведённой книжки про Сильвию Плат
                    и хотелось бы знать что с ней делать
хотелось бы перевести до конца потому что книжка
                    хорошая на самом деле
и не так-то много литературы о ней есть в переводе
я переводила эту книжку а родители заклеивали окна
                                    изолентой
думая что при взрыве чем-то поможет эта изолента
я вышла на кухню выпила чай и решила что нет надо
                                    ехать за границу
Сильвия Плат сидела в заснеженном доме в Англии
                    где не работало центральное отопление
я подумала мы сидим в доме на который может упасть
                    бомба наверное надо уехать куда-то
мы приехали в домик на краю Польши на границе
                    с Литвой где-то там родился Мицкевич
и открыли журнал на статье о Сильвии Плат

* * *

я обычный обыватель который ходит в кафешки
и не думает о войне думает только о смерти
о том что каждый день последний поэтому
у меня самые яркие платья
поэтому слушая популярную лекцию я думаю зачем мне
эти знания завтра
кому червю поядающему что ли буду я отвечать
я обычный обыватель который думает что будет
есть завтра
когда деньги закончатся что буду есть завтра
война не война да мне наверное стыдно
и на порядок более стыдно потому что война
потому что война а у меня зеленая юбка
надеть ее некуда все равно ведь я никуда не хожу в итоге
зеленая юбка и миллион бесполезных знаний
и к ним вечная нежность потому что война

* * *

выходишь на улицу воздух пахнет дымом
нет это не война просто где-то наверное жгут листья
что бы ни происходило в нашем городе жгут листья
вот такая стабильность что ли даже во время войны
я слышу сирену и засыпаю
послушаю «пройдите в убежище» и засыпаю
потому что крепкий сон как известно залог здоровья
а нам так нужно здоровье во время войны
воздух пахнет дымом воздух отчизны всегда пахнет дымом
что бы здесь ни было мир или война воздух пахнет дымом
люди с заболеваниями дыхательного аппарата
и ипохондрики
никогда здесь не выживут здесь и война не нужна
а мы кто бы ни были мы должны дожить до победы
увидеть что наша страна стала молодой и свободной
увидеть что из земли растут цветы а не бомбы

увидеть что в крови нет гена войны
выходишь из дому вдыхаешь дым возвращаешься
                                        в свой домик
который больше не крепость а карточный домик просто
который однажды сложится и засыплют тебя дамы валеты
перечеркнув то всё что горело здесь до войны

* * *

я вдруг поняла что такое «жизнь не здесь» о которой
                                        писал Кундера
да ты живёшь в разных прекрасных городах
    но думаешь что если я тут умру больше не попаду домой
смотришь самые лучшие музейные коллекции мира
                увидеть которые вживую нельзя было мечтать
            но жизнь не здесь жизнь там где война и ужас
жизнь там где твоя душа уже умерла
нет смешно было цитировать бусидо про то
                    что самурай живёт так словно уже умер
но это были слова никто из нас не знал что это
                                    на самом деле
никто из нас не знал что значит смотреть
                        на лучшие музеи Европы
и ничего кроме смерти не чувствовать может быть
в этих музеях и нет ничего иного
в этих музеях и не осталось ничего кроме чувства смерти
словно думаешь вот эпитафия вот ангел
а кроме отчаянья не останется ничего

* * *

здесь так включается тревога сначала воет ужасно
        потом мужской голос говорит «увага, шановні
        громадяни, оголошена повітряна тривога» и о том,
        что нужно идти в укрытие
потом снова ужасно воет такой вот пятничный вайб

нет никто конечно не идёт в укрытие каждый раз когда
                    это услышит
никто не будет по три раза за день ходить в укрытие
                 и ждать там до отбоя
люди живут своей обычной жизнью этот вой
                 становится фоном
когда мы читали в учебнике «человек ко всему
                 привыкает»,
мы не знали, что такое «всё» нам не хватало информации
                 и кругозора
ну привыкает к тому что сахар по талонам
потом купил приставку «Денди» начал стрелять уток
  и отождествлять себя с Марио стал счастлив на пару лет
человек привыкает к тревоге кто-то привык к складу
                 мертвых тел в здании театра
потому что если психика не нормализует это надо
                 пойти и утопиться
вой сирены умолк не знаю куда там летят ракеты
каждый на самом деле уверен что летят не в него

* * *

мы звоним считаем гудки почему никто не отвечает
потом слышим я просто на остановке здесь шумно
                 выдыхаем слава богу
но пока идут гудки сердце готово разорваться на части
даже если в него не попал никакой «Кинжал»
нет я не пошла никуда я смотрела кино а потом уснула
мне снилось что я живу в общежитии собираюсь
                 защищать диссертацию
иногда просыпалась и слышала сирены
потом опять засыпала вахтёрша в общежитии
                 спрашивала у меня кто я такая
я говорила ну как это я ведь здесь живу
вот ведь документ о том что я здесь живу

рылась в сумке и никак его найти не могла всё
какие-то другие бумаги
потом пришёл мой научный руководитель я сказала
да мой вопрос прозвучит смешно но лучше ведь
спросить чем не спросить
какого объёма должна быть моя работа
он начал объяснять про шрифт и кегль но снова сирена

* * *

год назад я думала что это конец
просто попрощалась с близкими и спокойно легла спать
всё остальное было уже не со мной но было интересно
словно я оставалась в той точке А сейчас перевернула
страницу
если меня вдруг все-таки придавит разрушенным домом
я хочу чтобы мы не сдавались никогда пока есть силы
жить надо бороться
мне всё говорили про эту лягушку и сметану так вот
барахтаюсь всю жизнь может быть это глупо
может быть смысла в этом нет никакого вся эта сметана
год назад я приготовилась умереть а сейчас хочется
жить только жить без страха
сегодня в кассе женщины брали водку сок сигареты будут
отмечать праздник
брали нарезанную колбасу брали чай нет у всех птрс
я слышу по голосу одни нарочито бодрятся другие
сейчас сорвутся в истерику а сейчас за окном сирена
вот так отпраздновали день борьбы за наши права

* * *

многие смотрели сериал «Walking Dead» и представляли
как бы действовали в ситуации пост-апокалипсиса
на самом деле странно что мир практически такой
как всегда но никто не знает кто жив кто зомби

который тебя укусит никто не знает что за птрс сейчас
накроет тебя с какой стороны прилетит
да год назад первым делом раскупили в магазинах
                                    продукты в сериале делали так же
но продукты потом вернулись а что произошло
                                            с каждым из нас
мы думали вирус закончится и мы поедем наконец
                                        за границу
а на самом деле война началась вирус даже
                не закончился в Германии мы ездили в масках
кстати маски оказались эффективны никакими орви
                                        не болели
кем мы стали теперь вирус война до того несколько
                    экономических кризисов и революций
а ещё раньше пустые полки в магазинах сгущенка
                        вместо зарплаты стремительно
                        обесценивающиеся купоны
и я спешащая домой узнать что там в новой серии
                                «Санта-Барбары»
может быть апокалипсис был всегда а мы готовились
                            к этому «после»
не догадываясь что больше не узнаем себя

* * *

последний польский король жил во дворце Лазенки
великий польский комозитор уехал из Варшавы навсегда
                        в Лазенках стоит памятник ему
нет мне даже стало смешно на центральной улице
                в Варшаве сказала надо тут сыграть
                «Прощание с Родиной»
надо тут сыграть прощание с Родиной которой
                                    не осталось у нас
Шопен уезжал из Варшавы навсегда
                у Станислава Понятовского отняли трон
                мы гуляли в сентябре по Варшаве

мы не знали есть ли у нас Родина ещё изгнанники Польши
были нам родными
в Варшаве в сентябре была очень тёплая погода
мы ходили мимо дома где Шопен впервые
                    выступал в 12 лет где он учился в лицее
мимо дома где была почтовая станция откуда
                              он уезжал навсегда

* * *

я хочу поехать на открытие выставки но думаю вдруг
                              нас начнут бомбить
послезавтра годовщина вторжения вдруг нас начнут
                                    бомбить
потому что неизвестно какой по счету клон сумасшедшего
                  кагэбэшника решил нас разбомбить
потому что ему не нравится наша страна и конкретно мой
                                    город
нет он мне тоже часто не нравится когда пробки
        гололёд интерсити в шесть утра это всё мне тоже
        не нравится наверное жить удобнее в любом другом
        городе Европы
и вовсе не думаю я что Родина больна а я люблю
          её все равно нет я не думаю что Родина больна
          такие мысли это другая парадигма
наша парадигма — слова родившейся в Киеве Голды Меир:
          «Мы хотим жить. Наши соседи хотят видеть
          нас мертвыми. Это оставляет не слишком много
          пространства для компромисса»
я просто радуюсь что в нашем городе проходят открытия
                    выставок я знаю что они есть

* * *

мы ходили по улицам по которым сто лет назад
                          ходили эмигранты

нашли кафе на месте которого сто лет назад было кафе
в котором сидели эмигранты
съели там суп томатный девушка долго говорила
по телефону с родителями говорила
что их внук будет их ненавидеть
официанты были итальянцами потому что кафе
итальянское но вокруг было много и русских
нет никто их не закенселил посетителей там было много
неизвестно читали ли они Достоевского
а солянку «Броненосец «Потемкин» блины с икрой
ели по немаленьким ценам
даже пожили несколько дней в этом районе возле
Виктория-Луиза-Плац гуляли там как Ходасевич
может быть надо закенселить Ходасевича но я всегда
считала что он максимально прав
странно было гулять по району в котором
сто лет назад жили другие эмигранты даже есть
несколько табличек на домах с виду слишком новых
так что видимо их перестраивали с тех пор мы просто
пришли туда по навигатору в телефоне
Цветаева руссише дихтерин и в асфальте
фамилии людей отправленных к лагеря я читала
их когда шла по тротуару некоторые
таблички фотографировала
прохожие видели это и тоже начинали смотреть

* * *

так хочется сказать лети лети лепесток через запад
на восток пусть война закончится завтра
пусть война закончится завтра чтобы в начале марта
пусть мимозы тюльпаны Роза Люксембург нет война
не закончится вдруг что бы мы ни говорили
война продолжается на каждой безымянной могиле
лепесток долетел твой допустим и вот он лежит на ладони
ничего не останется что здесь за память от сони

лежебоки отчаянья юности Судного дня
сохрани там местечко одно сохрани для меня
вот лепесток прилетел и увял на ладони наш мир
осколки стекла
у тебя ещё спросят а как же ты так а что же ты не сберегла
что ты тут бегаешь при гостях со своим веником и совком
что же это боеголовка попала прямо в твой дом
нет так негоже и все они будут смеяться и пальцем водить
где всего больней
вот твой дом распался по линии где проводка да
и Господь бы с ней
толку ли от проводки когда электричество пропадает
помехи они говорят смотри за пальцем следи
впереди только небо только радость там впереди

* * *

сегодня гуляла по району кофейных киосков стало
больше чем до войны
киоск Opera Coffee кафе Potter House
и нельзя сказать «до войны» потому что война длится
и длится
бесконечное настоящее длительное время теперь
и нельзя сказать «до войны» потому что война съела
твою душу
нет никто не выжил после войны все мертвы только
в разной мере
смотришь на человека и думаешь настолько ли он мертв
как ты мертвее или живее
и если ваша степень смерти совпадет вы даже немного
поговорите
но разойдетесь с чувством «слава богу, больше не надо
ничего говорить»
нет здесь не изменилось ничего стало больше
кофейных киосков
говорю папе ходи по тротуару на земле могут быть мины

разве я думала что на земле могут быть мины
но подумала мины можно заговорить

* * *

что грядет война мы не знали не было большей печали
кроме как Ницше читать и в игры играть на приставке
                богоискательство было жалко
сколько весит душа и сколько крови могут выпить пиявки
сколько могут выпить крови дурной чтобы телу
                                вернуть покой
ветхой картонкою мирного неба над головой
нет мы не знали что будет война мы и мира не знали
                                    в общем
просто считали время сколько овощи мы полощем
сколько гуляем на свежем воздухе сколько прошли
                              за день шагов
что нашли интересного какой сегодня улов
а война это что-то из раздела «кино» об этом и думать
                давно не хотелось даже мир становился всё глаже
ни одного патрона из остававшихся в патронташе
не хотелось терять но себе только милость другим
                                закон подворотен
словно только война обещает что будешь теперь свободен
а для мира здесь слишком много цепей приготовлено
                                 золотых
и никогда не разорвать их пробу не скрыть на них
нет что будет война мы не знали просто каждый день
                           сами с собой воевали
словно держат без воды в темном сыром подвале
и хотелось бы что ли молиться но слов не знаешь
                    простых слов не знаешь совсем и что же
это просто такой вот мир ведь похоже на мир похоже
что мы выжали этот мир по капле долькой лимонной
                              в воду колодца
вот ты смотришь в свои глаза но никто уже не вернётся

нет мы не знали что будет война но и мира не знали
просто смотрели в колодец новых жертв себе назначали
      вот те будут хороши платки из красного кумача
новая плита ни тепла ни горяча

* * *

на самом деле здесь просто обычная жизнь наверное
  человек привыкает ко всему привыкает даже к войне
  наверное за год человек ну а как же к ней не привыкнуть
если это повседневный фон сирена
      включилась-выключилась люди ходят
      в магазин флиртуют сидят в кофейне
помню как было год назад люди продолжали шутить
  раскупали продукты но продолжали шутить
  что теперь можно выпить гаишники не остановят
на самом деле сейчас даже больше людей открылись
      новые магазины
год назад у меня была такая депрессия было чувство
      что время закончилось
так что когда началась война я даже ничего
  не почувствовала для меня время закончилось
  раньше война меня даже не удивила
а сейчас здесь обычное чувство что скоро весна скоро
      можно будет ходить в кожаной куртке
люди в обновках и никакой ядерной зимы

* * *

странно — сидишь пишешь что-то переводишь
      а за окном взрываются ракеты
чувствуешь себя каким-то персонажем Умберто Эко
так я себе представляла всё это войны кругом а люди
      в замкнутом пространстве
заняты своим представлением о культуре
ну да у нас теперь есть интернет интертекст а война всё та же

если я звоню и нет связи у меня начинается
                              паническая атака
сразу хочется куда-то бежать и что-то делать
                              но не знаю что именно
в магазине висит объявление «Зараз у нас немає вакансій,
                              віримо в перемогу»
если верить во что-то то только в победу и тексты любовь
                              и культуру
мир вокруг — слишком хрупкая штука я никогда
                              не понимала как он работает
словно смотришь артхаус какой-то совсем запредельный
и ничто тебя ранить не может здесь просто такое кино

Нина Виноградова

Художник, поэт, эссеист. Родилась в селе Мурафа Богодуховского района Харьковской области в 1958 году. Стихи публиковались в журналах «Арион», «Алконост», «Воздух», «Волга», «Дети РА», «Донбасс», «Знамя», «Плавучий мост», «Смена», «Союз писателей», «Стых», «Крещатик», «Homo Legens», «НАШ», «Новый свет», альманахе «Черновик» и др., на сетевых ресурсах «Solo неба», «Text Only». Участвовала в коллективных сборниках и проектах: «Дикое поле», «Время Ч», «Освобожденный Улисс», «Феминизм под любым другим именем в Украине», «Верлибры Пушкину», «Культурный герой», «РПР. Сборник анонимных текстов», «Я — тишина» и др. Автор пяти сборников стихов. Лауреат премии им. Б. Чичибабина (2006).

+

Плечевой пояс Сатурна.
Воздушный пузырь языка.
Мы договорились?
Страх-друг
Тучный ангел лепечет, бормочет, убаюкивает.

+

Белая тьма густого тумана.
Не видно яблоню под окном,
дороги и подавно.
И кого ты ждёшь?
Только сны обходят
углы покинутого дома.

+

Умирает лето, как Плиний Младший.
Улетают цапли.
Остаются письма.
Прям Рим!

+

Как работали рабы!
Режим артезианского колодца.
Все необходимое извлекаешь из себя:
тепло, энергию, память,
чистую воду старых стихов.

+

И в этой темноте кромешной,
похоже, что мы все замешаны,
Под толстым слоем жирной копоти,
кто наверху, а кто в окопе.
Картины, которые ещё читать и читать.
Прочие опасные направления понимания текста.
Погружение в Гоголя — заведомо поражение.
Сжигание жира.

+

Внутри триллера
реальность третьего порядка.
Алгебраический знак креста.
Мелкая моторика
министерства ненависти.

+

Стремительно сузился
ареал моего обитания
и контур тела.
Ухожу вглубь,
путаясь в многослойной одежде
и в складках кожи.
Ем полынь и пью женьшень.
Что видишь в зеркале?
Тихоходки не устают
(помнишь, читали статью в Википедии?).

+

Я оптимист.
Явные плюсы в крестах на окнах.
Точнее — знак умножения.
Спекулирую воображением.
Злоупотребляю светом.

+

Стыдно отвечать на вопросы
уехавших друзей: косточки подробностей,
обуза оптимизма.
Только бы не обидеть,
не разочаровать
такой обыденностью.
Даже новостная лента стремительно убегает.

+

Вдавливает война
в котлован чужой кровати.
Оно и не больно,
но перья давно убитых птиц

взыскуют
и сны прилетают тяжёлые,
где ты не паришь белым облаком,
а падаешь камнем
на чужой матрас.
Обнаружился иммунитет —
прививка от бабушки и мамы,
уцелевших в ту войну —
пулеметная лента ДНК
помогает выжить
в пандемии СВО.

+

Щепкой, листиком ивы, фантиком от карамельки
из грязного тела воды
вынырнешь мельком,
на мгновение увидишь другой берег,
хорошо если с деревом,
чаще всего ещё одна помойка
с пластиком, тряпками и продавленным креслом,
в котором когда-то читали Екклезиаста.

+

Между Силлабо и Тоникой
зазор ослепительный, тоненький.
Проскочит в него не каждый,
замешкаешься — размажет,
расплющит, на ноль умножит.
Крохотные лоскутки
содранной с губ кожи,
кружит бражник,
свобода на диком пляже,
перья, окурки, бумажки,
Делакруа носки.

+

Замечен не был. Заметен не был.
Необходим, как соль и хлеб
(пускай и грубого помола).
И строчки стали косолапыми:
(словами внутрь).
Нам дали жизнь.
Так надо пользоваться!
А забитые фанерой окна высоток —
это Виндоус 22 (поздняя версия).

+

Слились тихие ручьи наших сознаний.
Созерцай озерцо,
старые черепахи всплывают, как пузыри
глубокого выдоха,
и рифма на дне лежит Титаником,
как металлическая рыба каббала.
Вот и оставайся, как стих,
один на один со своей тайной.
Глазное дно — и то пересыхает.

+

В воздухе везде опора,
коль умеешь делать мёртвую петлю.
Голова поседела — и стих побелел.

+

Вещи, о которых не говорят,
но именно это же и болит,
мучит, огнем горит,
как больные дети, что не спят
и не пьют, и спать не дают,

хотя и привык
как-то создавать уют среди бетонных плит
посредством чая и Пуччини —
излучина тоски.
Стало быть,
ты — незавершённое творение,
если душу опять зажимают в тиски.
Опускают сумерки,
как тряпичную куклу на чайник,
чтобы кипяток не остывал.

+

Нужно любить всех, кого любишь,
не считаясь ни с кем
и не жалея никого.
Андреевские кресты на стёклах —
за отвагу терпения.
Не сердись на Господа.
Подставь левую щеку
под поцелуй рассвета.

Яна Вишнякова

Родилась в Запорожье 5 сентября 1988 года, в семье, к творчеству не имеющей никакого отношения, но с раннего детства привившей мне страсть к книгам, которые часто заменяли мне окружающий мир. С тех пор мало что изменилось, жизнь моя не изобилует внешними событиями. Школа, затем факультет русской филологии (тогда в Украине ещё были такие), три года работы учителем русского и литературы — опыт, который я считаю очень ценным для себя, затем работа в украинском научном издательстве, корректура и редактура, которая длится по сей день. Стихи стали появляться довольно поздно, в 2014 году, и совершенно для меня неожиданно. Война внесла свои «коррективы» в мой всегда очень спонтанный творческий процесс. Тексты стали другими, и появляться стали реже. Они стали сгустками боли и ненависти — и заменой слёз. С начала войны никуда не уезжала, потому что для меня немыслимо покинуть свой город, ставший прифронтовым, страну, которую я люблю и которой с каждым днём горжусь всё больше.

«Война» — привычное сочетание букв, бегущая строка, обыденный факт. Почти вводное слово. Разве ты жил без неё? Без страха, боли, ужаса, ненависти, ненависти, ненависти... И без вдруг вспыхнувшей, такой странной — любви. Какая первая картинка, появляющаяся у меня перед глазами при слове «война»? Ослепительный, залитый солнцем мартовский день на краю города, вдруг ставшего прифронтовым, пустой парк, обнажённые, беззащитные деревья, и такие близкие звуки взрывов. Пока ещё непонятно, войдут ли в город, возьмут ли его, с какой стороны начнутся обстрелы, нужно ли запасаться продуктами, нужно ли ждать уличных боёв... Пока ещё нет прилётов, пока здания целы, пока ты ещё не живёшь в районе с разрушенными через один домами и не ждёшь по ночам смерти, не сидишь в ванной под мерзкий тревожный вой и не наблюдаешь страшные зарева из окна. Пока есть только новорождённый страх, оглушительный шок, нежелание верить и — любовь. К каждому стволу, ветке, собаке, небу, солнцу, окну, прохожему, фасаду, скамейке, сидящему рядом с тобой человеку, весне, которая, может, окажется последней. Любовь проникает в тебя и душит, любовь наваливается на тебя как сказочное чудовище, сгребает в охапку и не даёт вздохнуть. Ты умираешь от любви, беспомощно пытаясь вобрать в себя этот хрупкий, смертный, уходящий, перевернувшийся, твой мир. Искалеченный, жестокий, искажённый, кровоточащий, до краёв переполненный — любовью.

* * *

Я никак не могу выбрать нужные скляночки,
Баночки, флакончики, тюбики,
Чулки, книжки, платья, туфли,
Бельё, фотографии, конфеты,
Воспоминания — чтобы взять с собой
«Самое необходимое».
Я выбираю, перебираю,
Переиначиваю, перекладываю,
Уменьшаю и вновь увеличиваю
Количество самого необходимого,
Стараюсь прикинуть, что менее,
Что более нужно, жизненно важно,
Жизненно больно, жизненно нежно...
Я пытаюсь уместить в рюкзак
Прошлую жизнь

С разными пёрышками, брелками, игрушками,
Магнитами на холодильник,
Заколками, снами, закладками,
Фантиками, открытками, письмами,
Блокнотами, сумочками,
Счастливыми билетиками...
Но она не вмещается в рюкзак,
Тогда я беру ещё одну сумку,
Побольше — нет, лучше поменьше,
И вновь начинаю безнадёжнейшую из сортировок.
Флакончиков, баночек, скляночек,
Тюбиков, фантиков, воспоминаний,
Платьев и книжек, бессмысленных пёрышек,
Тайных коробочек
Не может стать меньше — я вижу.
Я сижу на полу среди рассыпавшейся на части себя,
Среди улик прошлой прервавшейся жизни,
И выбираю остаться — с ней.

* * *

Второй месяц здесь длится война,
Перемен нет на западном фронте,
На восточном — приходит весна,
Небо вскрыто весной, как аорта
У кого-то на шее... На юг
Тянет больше всегда, чем на север,
От врага отличаем здесь друг
Почему-то теперь всё труднее.
Веру, этику, прочую хрень
Заменяют газетные сводки,
Но зато удлиняется день —
Это плюс. Но бессильна и водка
При попытках забыть лица жертв —
Это минус. Ещё плюс кошмары.
Где-то бьётся отчаянный нерв

На виске, и снуют санитары,
И врачи почему-то молчат,
Когда я говорю им, что скоро
Мы пройдём через ёбаный ад
И по светлым пойдём коридорам
Прямо в солнце, в забытую жизнь,
Вновь из пепла её воскрешая...
На прощанье здесь пишут «Держись»,
Но тебе напишу — «Обнимаю».

* * *

Обнажённая хрупкость вещей
Очевидна до боли в груди,
Вот разрушенный мост — он ничей,
По нему ты меня проведи
В догорающий в зареве сад —
Он исчез, не успев расцвести,
Отмотай время чётко назад,
И к спокойной реке проведи —
В ней ни крови пока нет, ни мин,
Отражение облака лишь,
На песке нет простреленных спин,
Ещё жив вечно шумный камыш,
Всё идёт чередом, как должно,
Лето томно вступает в права —
Обмелевшего озера дно,
От жары чуть желтеет трава,
Птицы чертят привычный маршрут,
И до смерти ещё далеко,
И цветы, словно дети, растут,
Неумышленно, быстро, легко.

* * *

А может, правда, больше тебя нет,
И ни к чему застывший этот свет,
Невинный, ежеутренний и новый.
А может, правда, всё лишь трын-трава,
Один не делится, как ни проси, на два,
И боль не превращается здесь в слово.
И от тревоги — шаг лишь до тоски
Предсмертной, незамеченной, ни зги —
Как ни гляди во тьму, ты не увидишь.
Лишь память вновь вступает здесь в права,
Живее тем, чем более мертва
Надежда на спасенье или выход.
Есть час, а может, месяц, может — год,
Как несговорчиво минутная вперёд
Едва передвигается, есть ветер.
И ночь, и вой, и смерть над головой,
И если спросят: «Ты ещё живой?»,
Вместо тебя «Живой» — едва ль ответят.
А может, правда, больше тебя нет,
Которого так видно на просвет,
Что не видна душа в ослабшем теле.
Лишь контур страха, пара бледных черт,
И шёпот вместо голоса, на бред
Так походящий, слышный еле-еле.

* * *

А если мы умрём в морозный март,
Рассыпавшись колодой смертных карт,
Истлев или замёрзнув — не суть важно,
Среди руин родных многоэтажек,
Под небом, то ли звёздным, то ли свет
Усердно льющим, на закате лет,
Или в расцвете — как кому успелось,
Под прóклятым, под вражеским прицелом —

То всё равно для нас придёт весна,
Для нас, для нас, и никого другого,
И будет щебет, зелень, и асфальт
Прогретый, в трещинах, и кто-то целовать-
ся станет под расцветшей кроной...
Листком мы станем, деревом, вороной,
Синицей, облаком, дыханием реки,
И линией протянутой руки,
Морской ракушкой, смехом и молчаньем,
Янтарным солнцем, золотым песком...
И пусть нам страшно здесь до одичанья,
И ненавистью мы оглушены,
Мы доживём до бога, до весны,
Мы ей уже — ты видишь — почти стали.

Мария Галина

Мария Галина — автор, в чьем письме содержатся элементы мифа и фэнтези, переводчик стихов и прозы, литературный обозреватель и автор социокультурных исследований. Родилась в Твери, детство провела в Киеве, юность — в Одессе, где закончила университет и аспирантуру по специальности «Гидробиология. Ихтиология», с 1987 года жила в Москве, где работала сначала по профессии, а потом — как литератор, сотрудничавший с ключевыми на то время медиа. Автор нескольких романов и семи сборников поэзии, последний, «№7», законченный в февреле 2022 года, готовится к выходу в США. В течение нескольких лет была приглашенным редактором-составителем в журнале Poem (Великобритания). Переводчик и промоутер современной украинской поэзии. Лауреат нескольких литературных премий. После 2014 года приняла решение вернуться в Украину. Живет в Одессе, занимается в основном тем, что плетет маскировочные сетки для фронта. Стихи и проза переведены на несколько языков.

Этот год, начиная с первых минут войны (точнее будет сказать, с активной фазы войны), я провела в Одессе, по возможности справляясь со страхом — сначала острым, потом долгим и довольно изматывающим — при помощи наблюдения и самонаблюдения, результатом чего стала книга дневниковых записей и мини-эссе «Возле войны», опубликованная в 2023 году в Израиле, в издательстве нежно любимого мною Михаила Гринберга. Сейчас, когда эта страница закрыта, я не слишком довольна тем, что получилось — о чём-то я не написала в силу каких-то личных причин, чему-то придала излишнее значение. Например тому, что в это время происходило в российском сегменте соцсетей среди людей, скажем так, моего круга общения. В какой-то момент это казалось мне важным и очень болезненным. Сейчас мне, в общем и целом, плевать, хотя я до сих пор полагаю, что все эти книжные ярмарки, круглые столы, поэтические вечера с презентациями и прочая, и прочая — дело вредное, поскольку придают существующему в России положению вещей, этому реваншу дремучей архаики перед лицом меняющегося мира, видимость нормы.

Здесь иное дело, тут это скорее попытка структурирования хаоса. Война — всегда хаос при внешней видимости порядка, и речь здесь идёт не о видимости нормы, а о её поддержании в условиях напирающего со всех сторон хаоса. Хаосу противостоит цивилизация как колыбель новых смыслов, и создание текстов есть некая часть этой цивилизации (недаром Z-поэты оказались настолько беспомощны именно в художественном плане, поскольку они играют на стороне жёсткого ордунга, который сродственен этому хаосу). Поэтому полагаю любое предприятие такого рода — то есть создание текстов и их воспроизводство — осмысленным. Другое дело, что я сторонник индивидуального высказывания, а не коллективного, то есть по определению противник тематических антологий и не сторонник сегментирования украинского литературного процесса, в том числе и по языковому признаку, но раз уж согласилась, то поздняк метаться.

Если бы я была поэтом символистского толка, я бы сказала, что противостояние идёт и в каких-то тонких сферах, поскольку за этот год на нас свалилось несколько болидов, одна комета, северное сияние, лунные гало без счета, а в Одессе ещё и фата-моргана: корабли зернового каравана, сами собой висящие в воздухе над морем и странные белые строения, самовоздвигшиеся на пустом побережье...

Здесь о важном. Марианна Кияновская, лауреат Шевчен-ковской премии, замечательный поэт и тонкий наблюдатель, в одном из своих недавних интервью, высказалась в том смыс-ле, что поэтическое высказывание во времена войны, під час війни, не прервалось, но изменилось — те, кто прежде писал верлибры, стали писать регулярные стихи, и напротив, те, кто писал в рифму, перешли на верлибры; изменилась пали-тра высказывания, тональность. Были и те, кто сознательно замолчал. Я отношусь скорее к последним. Мне кажется, что работать как раньше в силу ряда чисто психологических при-чин уже невозможно, а попытка найти какой-то новый спо-соб высказывания — дело небыстрое. Перед самым началом вторжения я закончила книгу стихов, уже, в общем, пони-мая, что к чему, она сейчас, я надеюсь, выйдет в Нью-Йорке, за что огромная благодарность издателям и переводчикам. Книга эта была как раз о войне. Но после этого я практи-чески замолчала. Отчасти потому, что поэт как комментатор разворачивающейся здесь и сейчас трагедии рискует высту-пить как бенефициант чужого горя. Но здесь мы углубляем-ся в очень тонкие и болезненные материи. В сущности, име-ет право писать о чужом горе тот, кто взял на себя это право. Как сказал по этому (или по схожему) поводу Михаил Сон, чьи тексты тоже представлены здесь, поэт на то и поэт, чтобы уметь работать с травмой, своей ли, чужой ли, остальное — инфантилизм, непрофессионализм и бессмысленные ламен-тации.

*

Дрон, парящий в нижнем облачном слое,
хрусталиками механических глаз
ощупывает сосновый лес,
красные его стволы,
нацеленные в зенит,
его муравейники и кротовые норы,
его сверхновые и чёрные дыры.

Он видит то, что видит его некто, склонившийся над
монитором,
ивняк над тихой рекой,
изумрудных зимородков, ныряющих в зеленоватую воду,
золотистых щурок,
стрелолист и рогоз —
прибежище зелёных стрекоз.
Также он видит то, что оператору недоступно
в силу его, оператора, ограниченной способности зрения:
бледные тени, колеблющиеся, как дымок над водой,
хороводы русалок,
козлоногого фавна, играющего на свирели,
ржавеющей остов
неопознанного летательного аппарата
на дне тихого озера
(узкая трехпалая рука прикипела к рычагу управления),
бледное пламя, повисшее на опоре ЛЭП,
призрак кота, умывающегося в развалинах дома,
в общем, всё то, что человеку видеть запрещено,
о чём он
никогда не расскажет,
о чём никто не узнает
и мы не узнаем,
поскольку это
не имеет никакого тактико-стратегического значенья.
Река, баюкающая русалок и мертвецов,
в конце концов
становится просто одной из рек.

*

Пока она жива, город стоит на месте,
Рынок каждое утро раскрывает свои прилавки,
Магазин косметики на углу выставляет свои приманки,
Сирень за зелёным забором зацветает и отцветает,
Пахнет хлебом, и толстая тётя Надя

Внука ведёт в детский сад по одной и той же дороге.
Каждое утро, зажмурив глаза, не отрывая голову

от подушки,

Она выходит на утреннюю прогулку.
Двери открываются, знакомые и родные
Машут из окон.
Сирень за зелёным забором зацветает и отцветает...
Приезжай, говорят ей, мы восстановили твой город,
Он ещё лучше, чем был, там, просто там, где раньше
Цвела сирень, теперь жимолость и чубушник,
Рынок перестроен, современные новые павильоны,
Триумф технологий,
А лицей восстановили по сохранившимся фотоснимкам.
А тётя Надя? О, тётя Надя купила
Тот самый дом на углу, вернулась
Из Великой Британии, представляешь,
Там её дочка вышла замуж за олигарха,
К тому же английского лорда, владельца родового замка,
Вот что он в ней нашел интересно, притом с ребёнком.
Да, да, говорит она, а маленькая собачка,
Та самая, у которой смешные разноцветные уши,
Что лаяла на меня из-за забора, становясь на задние лапки...
Собачка-то где?
Ей говорят, ну что ты
Просто как маленькая, ей-богу,
Послушай, собака
Все равно бы умерла, ну не от разрыва сердца,
Не от осколков
Разлетевшейся витрины цветочного магазина,
Не от удара ногой низкорослого оккупанта,
Просто от старости, причём довольно давно, собака
Говорю тебе, собака всё равно умерла бы, собаки
В принципе не способны прожить так долго.

*

Он говорит это просто гром я пришёл с добром
С огненным мечом золотым пером
У меня на лбу круглая печать
Выходи встречать
Смотри всё сдвинулось со своих мест
Нам показывают какую-то ерунду
Не было таких беспощадных звезд
В прошлом году
Я ловил покемонов в храме чертей рубил топором
Я насиловал демонов Катманду
Вот как проистекала битва добра с добром
В прошлом году
В прошлом году мы прививались от бешенства и чумы
Гуляли в райском саду любили кинозвезду
Подозреваю это были вообще не мы
В прошлом году
Я сиял как бог шестиног и четверорук
Я выманивал целок на свет и звук
Разрастался летом и зацветал весной
Я был чемпион в этом балете на льду
Что же этот год сделал со мной
Что же этот год сделал со мной
Что я сделаю с вами в этом году

* * *

На блокпосту при досмотре у неё отобрали
Старую семейную фотографию,
Пауэрбанк
Тональный крем, консилер, блеск для губ, тушь для ресниц
Блок «мальборо»
Перстень с печатью
Берилловую диадему
Знаки владычества и суда

Лезли в трусы и лифчик якобы в поисках спрятанной
там валюты
Что это, что?
Смирись, сказали, Инанна, суровы законы подземного
мира,
Или как тебя там, слышь, Оксана, что ли,
Во время священных обрядов молчи в тряпочку
Всю переписку в Вайбере
С мужем и дочкой
Предварительно стёрла она сама

Дмитрий Дедюлин

Родился в 1979 году в Харькове. Учился на филологическом факультете Харьковского национального университета имени В. Н. Каразина. Работал техником в лаборатории научного института, рабочим на заводе, продавцом, был частным предпринимателем. Стихи и рассказы публиковались в альманахах «Левада» и «Артикуляция», журналах «Союз писателей», «Воздух», «Кварта», «Контекст», «Дети РА», «Харьков — что, где, когда», «Вещество», «Двоеточие», «Литература», интернет-изданиях «Новая реальность», «Кочегарка», «Полутона», портале «Мегалит», антологиях «Когда мы были шпионами», «Поэзия последнего времени». Составитель и один из авторов коллективного сборника прозы «Три кита» (совместно с Олегом Петровым, Сандрой Мост; Харьков, 2017), автор сборников стихотворений «Зеркальные метаморфозы» (Москва, 2019), «Вобла в облаке» (Москва, 2020), «Древоточец» (Москва, 2021). Живёт в Харькове.

РУКИ

Мариуполь — гигантская гекатомба
ходят с поддонами и тени свои собирают
травят младенцев
суют суконное рыло
в лавку готового платья
отрежьте ещё на вырост

отрежьте нас от жизни
от бренного тела

от памяти нашей людной
от нашего сухостоя
безмолвные падают ангелы
барельефы
холодная смерть покрыла морозом руки

* * *

Привет, Твардовский из говна,
ну где опять твоя страна?
опять утюжит площадь?
на траках кровь и тишина
она полна — как ты полна
но ты чем полон? а она
не Англия не Польша
а только тёмный лес людей
что умерли как ты везде
и вот бредут дворами
а на дворах лишь цвель да пыль
лом брухт лайно или утиль
и только твой прекрасный стиль
порхает меж мирами
как чёрный снег тех кто сожжён
кто в этих соснах окружён
кто в сердце шилом поражён
казёнными ворами

НЕВЫСКАЗАННОЕ

это витающее в воздухе страдание
пусть даже в виде дождевых капель
пусть даже витальное
но всё равно страдание
укрывает землю
чёрным пятном

неминучей участи
разрубленного подростка

где?
в каком котле
варили тебя сокол?
буйный ворон
ослиная капля
на половой губе
убитой малолетки

* * *

не выпутаться из лап зимы
не поднять зелёных покрывал
но всё-таки нас накрывал
и мы
ховали счастье
в каменный подвал

ПРЕЛЮДИЯ

кровь неотменима
можно любоваться закатами
бродить по лесным просекам
срывать ландыши и тюльпаны
но кровь неотменима
кровь придёт к вам
ясным полднем
седым вечером
чёрным сентябрём
и скажет:
«где ты?
где ты, мой милый зайчик,
комнатный одуванчик?»

и ты замрёшь
почуяв её тяжесть
где ты?

* * *

13 апреля
каждый день начинается неделя
мёртвый праздник
чёрная тишина
под луною всегда луна
и холодное небо немеет
обязательная война

* * *

диванные людоеды
съели суслика за обедом
и стали плакать что нечего есть
сели на пол
нарисовали крест
и надпись «за победу!»
но будет Днипро, горы и страшная месть

* * *

прости им, ибо не ведают, что творят
ну а те, кто ведают, тех ждёт ад
их ждёт виселица
пустая смоковница
чёрный склеп
золотая любовница
позорный хлеб

SHINE

мы будем в карты воевать с тобой
мы будем двигать технику, людей
но прозвучит один большой отбой
а ты мне крови правильной налей

я буду пить и над щекой пушок
я буду править выю — вот те раз
моей души печальный посошок
моей души прекрасный пастушок
моей любви изменчивый алмаз

* * *

война идёт
птица поёт
пичуга приветствует весну
«только закрой свой весёлый рот» —
так я шепчу отходя ко сну
а во сне маньяки
оборачивают решето
в лес и зелёный пояс
твоих голубых небес
чёрную заповедь тебе, подлецу, готовит
Бог не выдаст если свинья не съест

* * *

аэротрупы
дымящиеся развалины
под тяжестью городов расшатывается земля
в узкие спальни вносят снаряд
и он летит
как линейка из готовальни
если ты любишь
тебя простят

* * *

я молюсь в своей квартире
о любви судьбе и мире
а квартира вся дрожит
ручеёк во сне бежит
пока я на сонной лире
калибрую свой петит

сокол на подушке вышит
он взлетит орлом на дверь
но во сне скребутся мыши
и взбегают на алтарь
сон Отечества прекрасен
сон врага как будто гром
только Бог тяжёл и красен
рубит вещи топором

* * *

мы живём как будто дети
два куска в одном пакете
нами выбранной длины
я прошу у тишины
о тоске, луне и лете
где бы не было войны

СВИДЕТЕЛЬ

прекрасное имя Гранада
со смертью цветёт на губах
и большего в общем не надо
на этих ужасных пирах

Гранада, Гранада, Гранада
я чувствую страшный накал

орудия целят из сада
один из них где-то попал

и тает в тиши предрассветной
подземная чёрная боль
братишка, подай мне конфеты,
гранаты и алкоголь

подайте мне день без изъятий
из мира и праха живых
и ты в этом мамином платье
ты тоже из понятых

* * *

убывающие-отбывающие
скоро вас убудет
скоро вас не будет
уёбывающие соберут ваши косточки
и отправят их в спецхран
под ясное сияние голых соколов
и голубых облаков
немого света

ИСПОВЕДЬ ПРОКЛЯТОГО АРЛЕКИНА

1.

дети апельсинового молока
а вы думали жизнь — это книжки Сьюзан Зонтаг?
жизнь — это когда пять здоровенных амбалов
могут изнасиловать любого
если застанут его врасплох
если ослепят его лучиками фонариков
и не обязательно на них будет форма
можно умереть и быть изнасилованным

можно выжить и быть изнасилованным
нужно жить
а значит вдыхать смерть

2.

ужас пограничника самый страшный
мальчик нарушил границу
его границы были разрушены
границы ментальности
сильвупле
очерки идентичности
самосознающий субъект
тонущий в волнах одинокого ужаса

3.

красные линии твоих вен
не черкани их ножиком
не разрежь своё сердце
не обнаружь внутри пустоты
не разрежь своё сердце

* * *

за окном кто-то чирикает на скрипке
вокруг одни улыбки
бабки подсчитывают убытки
а кому семки?
десять вёсен было у системки
теперь сплошные кораблики
и рыбки
тонет кораблик наш
тонет рублик
и мы это пиво пьём

* * *

гробы какие дорогие
пакеты подешевле будут
и в них лежат ещё нагие
оденут в землю их бухие
гробокопатели — бригада
там зэк и сторож, два бомжа
а черви — те оставят кости
пакеты наши дорогие
всё шелестите
ветер тонкий вас рвёт
летите по ветру

* * *

девушки не танцуют
ангелы в небе ликуют
а девочки заворачиваются в шарф
а девочки заворачиваются
мальчики не заморачиваются
они в армии
они под звуки петард
укорачиваются
девочки не заморачиваются
сладкой пластинки голос
поёт Пиаф

* * *

на самом деле никакой войны не было
убитые дети?
не смешите
мы стреляли из хлопушек на Новый год
и новый год падал кренясь
над огромной палубой
ракетного крейсера

пока зайцы, плюшевые медведи и другие
играли на пианино
моряки захлёбывались
в узких каютах

* * *

Достоевский был нехороший
и Цветаева неправа
мы бредём с этой страшной ношей
и растёт в пустоте трава

травы, травы, ну в чём ваша сладость?
временами я здесь не жил
а блуждал по рассадникам сада
и изменчивый месяц дрожал

на растеньях от страха истлевших
равномерная красота
лишь она в наших братьях меньших
и она преступленьем горда

Екатерина Деришева

Поэтесса, издатель. Родилась в 1994 году в Мелитополе (Украина). Стихи и переводы публиковались в журналах Plume, Tlen Literacki, Literatur in Bayern, Literaturportal Bayern, «Wizje», «Волга», SoFloPoJo, «Двоеточие», «Литература», «Артикуляция», «Новый берег», «Арион», Homo Legens, «Крещатик» и др., сборнике «Timpul pământului» (Румыния, 2019), в антологиях «In the hour of War», «And Blue Will Rise Over Yellow», «Saë den Weizen». Лонг-лист премии Аркадия Драгомощенко (2019), лауреатка премии «Europa Mai» (2022).

Стихи и эссе переведены на английский, болгарский, вьетнамский, итальянский, казахский, немецкий, польский, румынский, урду и французский языки. Автор книг «точка отсчёта» (2018), «инсталляции не будет» (2023). Во время полномасштабного вторжения России в Украину жила в Харькове.

Война встретила меня на четвертом месяце беременности. За неделю до начала российского вторжения мы узнали пол ребёнка и видели его на УЗИ. У него были огромные, перепуганные глаза, будто он знал, что через неделю начнётся война.

24 февраля разлучило нас с отцом ребёнка, он ночевал не в городе, и я оказалась дома одна. Первые недели Харьков ежедневно бомбили, и всё это время я прожила в крохотной ванной. Так как мы жили в однокомнатной квартире, и диван стоял у окна — подвинуть диван я не могла, а в коридоре были шкаф, зеркало и двери со стеклянными створками, тамбур же был слишком маленький и соседи бегали через

него туда-обратно, то пришлось идти в единственно возможное укрытие — ванную комнату. Обложила со всех сторон подушками и одеялами саму ванну на случай того, если кафель полетит на меня, и всё время там провела с фотографией покойных дедушки и бабушки на животе — вместо щита — и несколькими игрушками из детства.

Тогда казалось, что все жившие в городе очень сплотились, хотя и находились кто где. В телеграме были многочисленные чаты, где каждый поддерживал друг друга как мог. Часто даже незнакомых людей.

Поддержка других успокаивала меня. В то же время, когда кто-то писал «умные советы» — что надо делать в стрессовой ситуации, скорее раздражало.

Самым страшным днем оказался день третий, когда российские войска зашли с окружной, мимо нашей Алексеевки. Российские солдаты ехали на танках и рыскали по соседним дворам, заглядывая в подвалы и станции метрополитена. К счастью, большую их часть к вечеру выловили и можно было немного выдохнуть. Но само ощущение ненависти и страха, когда ты понимаешь, что они едут по твоему проспекту, не сравнить ни с чем. Мне был не так страшен прилёт, как мародерство и насилие. Ещё и потому, что живот только начал округляться и рассчитывать на «гуманность» оккупантов я не могла.

После 1 марта я уехала к друзьям во Львов, а затем — в Германию.

Все эти три недели с начала войны сын не двигался, и я уже начинала переживать, жив ли он, так как до войны он давал о себе знать каждый час, а как началась война — шевелиться перестал. Но стоило мне принять решение, что нужно уехать ради сына — он зашевелился снова, будто одобряя моё решение.

Больше года я не видела своего любимого, наш сын видел отца только по видео. Мы с ребёнком постоянно переезжаем, чтобы не чувствовать себя беженцами. Днём я сижу с ребёнком и учу английский, а ночами пишу и ищу писательские резиденции. Мама живёт в Запорожье у фронта, а мой родной Мелитополь, где покоятся мои близкие, оккупирован с первых дней войны. Возвращаться пока что некуда и опасно. Из-за вторжения России рухнули все планы на будущее, и сейчас шаг за шагом, несмотря ни на что, мы нащупываем точки опоры, чтобы держаться, пока война не закончилась.

Эмульсия

1

натянутая нить объятий
дребезжит
тревогой

мы продолжаем существовать
в светлой улыбке детских глаз

белый шум деревьев больше не
укачивает не новорожденную меня
воображаемое плечо
поддерживает шалтай-болтай головы
<учится держать голову>
пересчитывающей все известные страхи
как считалку

говорю и лак голоса
распрыскивается
фиксирует укладку
внутреннего мироустройства

2

масло и вода смешиваясь
превращаются в эмульсию
{мы смешиваясь с тобой — не расстаёмся
как бы далеко друг от друга не находились}

новости — комариные укусы
читаешь и расчёсываешь
волдыри тревожности
спишь и чешется
спишь и болит

3

во сне радостный сон снега
мы идущие по нему втроём
останавливаемся рассмотреть снежинки
на ветках клёна
сын пробует их языком
и просит ещё

жизнь кажется снегу замедлением
после тяжёлой войны

[скоро они пойдут играть
в снежных ангелов]

*

<фаянсовая кромка смерти>
отчаяние в глазах подростка раздвигает тектонические
плиты

{сердце маленькой птицы бьётся всё чаще пытаясь выжить}

*

под одеялом террора из бетонных перекрытий

мама папа и не родившийся ребёнок
уснули

обнявшись

*

тело
обклеенное пластырем и бинтом

существует

*

{граммофон доигрывает кардиограмму птицы}

<Белая смерть>

город оброс настом вторжения

часовня в карстовом сердце оплакивает солью
будущую жизнь

погрузят на несколько лет
в пермское море — оболочку города

<каменная крепость переливается на свету в ожидании
первого дождя>

просыпаются скульптуры из соляных кристаллов

стихотворение, откуда все выходят

все выходят из теней
тень из движения
тень из сленга
тень из дыхания
тень из снега
тень из тени

рассчитываются на первый-второй

без имени
голоса
отпечатков

злые
складываются в >< и <>

умирают

*

люди оторванные от реальности
пишут
травля поэта
травля антологии

а я констатирую
#антологиябомбёжекиотключениясвета
#антологияприлётовиоккупации
#антологиясмертей
#антологияБучи
#антологияЛимана
#антологияИзюма
#антологиягдевыбыли8летпокабомбилиДонбасс
#антологиябеженцев

#антологияворованныхсковородок
#антологияворованныхпроволокимикрочипов
#антологияекатерины2
#антологиябеременнойдевушкиживущейвванной
#антологиядетейрожденныхвметро
#антологияскабеевойсоловьевакорчевникова
#антологиякиркоровабаскоаповалий
#антологияумершейрусскойлитературы
#антологиястрадающейрусскойкультуры

надеюсь скоро выйдут
#антологиясвободы
#антологиясудавгааге

и этим все сказано

*

партитура ветра

the symphony of the horror

тело сороконожки зацикливается

перемотка
back

zurück
перемотка

chechetka

ноги дошедшие

à l'entrée

радио сверчков
передаёт
нео
т
ложные новости

сообщают
сороконожки теперь
определяют температуру

лес горит

лес внутри горит
сгущаются сумерки речи

вывернутые
слова
плывут
лоснятся монетами

напуганные животные заселяют
музеи отходов
музеи оставленных парков и городов

diy-мир
в руках техно-генной
ката
строфы

разлетаются полиэтиленовые облака

под сигналы тревоги

под сигналы тревоги
осыпается с лица города штукатурка

светомаскируем everything

стены между мной
I
I
тобой

в режиме «война»

*

пока выясняют кто больше помог
на каком языке говорить
где можно опубликовать стихи и в какой премии
        поучаствовать
пока обижают и обижаются
и пишут стихи извне
обыватели прячутся от залпов
учатся считать заново
раз два три четыре пять

*

вывеска в доме напротив
напоминает прожектор концлагеря
так
что хочется разбить
первым что попадётся под руку

[нарушает светомаскировку]

*

пару дней в режиме «война»
кажется каменеешь
не боишься залпов
дрожания дома
засыпаешь под новости об очередном взрыве

*

хочется просто принять тёплый душ
вытянуть ноги
проспать целую ночь в постели
лежишь между створками ванны и одеяла
будто гребешок или устрица
только я не жемчужина

*

крохотная ванна
напоминает коробку для кукол
в фильме «Объятья лжи»
где мать
страдающая гиперопекой
закрывала дочь в коробке

так и хочется сказать: мир
я хорошая я хорошо себя вела
открой пожалуйста

*

пока выясняют какой язык будет главным в литературе
на той линии провода сходят с ума
пытаясь дозвониться к Богу
или к кому ещё можно часами
алло алло алло

*

жив пока держишь себя в кулачке
не расходишься на мочковатую корневую систему

этажами выше
люди вышедшие из себя
смеются скандируют советские песни
плачут
и кто-то снова звонит «алло»

дома говорят

дома говорят друг с другом
где разорвался снаряд
и разбились фасеточные линзы
остаётся лишь естественный свет
из воды и еды — воздух

хотели бы стать великанами
уйти в тихое место
но его нет
и каждый из них разрушаясь
поднимается выше и выше
по скрученным облачным нитям

*

1

9 мая в Мелитополе ходили на парад
носили ветеранам сирень
а на вечный огонь гвоздики
после всем классом шли на площадь
мимо улиц освободителей

[наша прежняя квартира по ул. Казарцева,
                              школа ул. Гризодубовой,
вечный огонь и танк — ул. Байбулатова]

каждый год на праздник шёл дождь
вечером мама папа и я ходили в парк горького
мокрые американские горки
мокрые качели лодочки
капало со всех деревьев

на мне белая блузка
с блёстками и рюшами и юбка в складку
одевали нарядно —
боялась намокнуть и перепачкаться

бабушка и дедушка ходили на парад от завода —
встречались уже на ярмарке или в парке
часто у ларьков с чем-то съестным
типа шашлыка

вокруг стояли несколько машин с полевой кашей
и столики
много столиков

после развода родителей
днем на ярмарку ходили
я мама и бабушка —
дедушка обычно сидел дома

2

прадед воевал во второй мировой
медали ордена ленточки
бабушка говорила его хотели похоронить
в Запорожье на аллее славы

обе прабабушки
обе Оли
были угнаны в Германию

[одна из них иногда снится
помню вкус ее «оришков»* и пирожков с картошкой
рассказы о войне и голодоморе
о дедушке когда он был маленьким

каждый день моего рождения
приносила цветы и орехи
храню её подарок — чашку с надписью Екатерина]

9 мая 2022
кто бы знал что придётся бежать
из-под катка режима
ровняющего с землёй
окровавленное тело украинской идентичности

[синьо-жовтий стяг развевается
вопреки всему]

* оришки — вергуны

Ирина Евса

Ирина Евса — поэт, переводчик. Родилась в Харькове. Окончила московский Литературный институт им. Горького. Автор четырнадцати поэтических книг. Публиковалась в журналах «©оюз Писателей», «Византийский ангел», «Соты», «Крещатик», «ШО», «Радуга», «Дружба народов», «Новый мир», «Знамя», «Октябрь», «Звезда», «Арион», «Новый берег», «Интерпоэзия» и др. Стихи переведены на украинский, английский, немецкий, сербский, литовский, азербайджанский, армянский, грузинский языки. Лауреат премий Международного фонда памяти Бориса Чичибабина (2000), фестиваля «Культурный герой XXI века» (2002), «Народное признание» (2004), Русской премии (2016), Волошинской премии (2016), премии фестиваля «Киевские Лавры» (2018), специальной премии «Московский счёт». Живёт в Харькове.

ТЕ, КОГО НЕТ

— Ладно, Ты отобрал море, клочок земли
в пять с половиной соток,
лунные ковыли, сад в дождевой пыли,
лета горячий свёрток,
дружный галдёж гостей с ворохом новостей,
беглого муравья.
Но зачем Ты убил детей?
Слышу в ответ: «Не Я».

— Ладно, взамен тюрьмы Ты мне вручил суму,
выбранив троекратно.
Разум моих друзей Ты погрузил во тьму
и не вернул обратно.
Кореш меня учил: Бог — справедливый чел,
а не галлон вранья.
Но детей Ты убил зачем?
Слышу в ответ: «Не Я».

— Ладно, меня Ты спас. Чтоб не рванула вспять,
окна обрушил в доме.
Дал сухарей в запас. И, бормоча «не спать»,
выплюнул на кордоне —
мол, на luisenplatz в тёплом чужом пальто
выживешь, корм клюя.
Но детей ты убил за что?
Слышу в ответ: «Не Я».

Вот я плыву пятном в пёстрых Твоих рядах
в ночь, где всего дороже
крыша над головой: по-украински — дах
и по немецки — тоже.
Кирхи зелёный шпиль над городской стеной.
Огненный сухоцвет.
— Господи, это впрямь Ты говоришь со мной?
И ничего в ответ.

* * *

— Смотри, смотри, — он говорит, —
вон там, налево от угла,
водонапорная горит.
Сегодня башня умерла.

А книжный помнишь? Испокон
в нём жили Фрост, Петрарка, Пруст.

Вчера все внутренности он,
сложившись, выблевал из уст.

А пруд, где я тебя пугал
к мосткам прибившимся жуком?
Там покорёженный мангал
присыпан пепельным песком.

Они, которых «тьмы и тьмы»,
взорвав, разграбив, порубив,
уже убили всё, что мы
обжить успели, полюбив.

Я тоже умер, если что.
Теперь я — видеомонтаж.
Взамен потёртого пальто —
на мне солдатский камуфляж.

Не тронь: я — трэш, я нехорош,
я не из тех, кто ищет слёз.
На свет не выйду — обомрёшь:
мне полбашки осколок снёс.

Я — только тело среди тел,
что в яме общей сплетены,
и, если честно, лишь затем
я отделился от стены,

с трудом дождавшись темноты
(как будто можно опоздать!),
что можешь ты и только ты
меня по шраму опознать.

* * *

Ты разбуди меня, но не здесь, не здесь.
Не заслоняй мне свет, как дурная весть,
словом «война», его нарративом чёрным.
Я доверяю только цветам и пчёлам.

Я не в ответе за мировую гниль.
«Где мои дети?» — снова кричит Рахиль.
В левом крыле, за лифтом, её палата.
Кто эти люди в белом — врачи, враги ль?
Вот мои дети: донник, ромашка, мята.

Кровь со щеки успела ещё стереть
правой рукой. Сказали: осталась треть.
В хитром сплетенье длинных шнуров и трубок —
не подходи, не смей на меня смотреть! —
жалкий скулит обрубок.

Там разбуди, где воздух с утра стеклит
узкие окна меж розоватых плит.
Вот я сижу на ветке ольхи, болтая
тем, чего нет, и тем, чего нет, машу
тем, кого нет. Шмели расшивают шум,
сталкиваясь бортами.

* * *

Евгении Моргулян

По ржавому пальнув, пустому баку:
отстой, мол, и фигня,
он, выбив дверь, убил мою собаку.
Потом убил меня.

И не было ни ужаса, ни боли —
негромких два хлопка.

Мы встали и пошли, минуя поле,
направо, где река.

Но лапу приволакивала псина,
и боком по стерне
теперь не впереди она трусила,
а тычась в ногу мне,

в любой момент готовая включиться,
и даже огрести
за дурочку, с пробоиной в ключице
и слабостью в кости.

Река, вписавшись в местную природу,
слегка смиряла прыть.
Я знала, что собака эту воду
не сможет переплыть.

А та в оцепенении глубоком,
поджав худой живот,
косила на меня печальным оком:
«А вдруг, не доплывёт?»

Две беженки, чей срок на «или—или»
бессмысленно истёк,
мы с ней переглянулись и поплыли,
по грудь войдя в поток.

И словно безразличная, чужая
речь вне добра и зла,
река впустила нас, не отражая
в себе, и понесла.

* * *

— Я покину, — сказал он, — хлипкую эту лодку.
Сил всё меньше день ото дня.
Мне война запускает костлявую руку в глотку
и вычерпывает меня.
Там, внутри, уже — ни листочка, ни лепесточка,
ни обрыва, ни пустыря.
Посмотри, — говорит, — легка моя оболочка,
легче рыбьего пузыря.

Я уже не читаю книг, не включаю телик.
За харчами — и в норку юрк.
Я — законченный псих, затравленный неврастеник.
И не в помощь ни Фрейд, ни Юнг.
Соскреби нас, Господь, стальным своим мастихином
до землицы сырой, до тьмы.
И не надо стихов — какие теперь стихи нам? —
только бдение и псалмы.

Дрожь, как будто ещё не выскочил из простуды.
Стынет воздух на языке.
Я давно уже ем из пластиковой посуды —
прочей не удержать в руке.
Рынок, ёлок предновогодние позументы,
дом в гирляндах, окно
в синих блёстках — не вижу в целом: всё на фрагменты,
на фрагменты расчленено.

А ещё он сказал: «Когда я рассыплюсь в этом
судном взрыве на горсть песка,
собери меня, Боже, заново — не поэтом,
а смотрителем маяка,
что уверен в одном: не тьма управляет светом,
а его рука».

Владимир Жбанков

Родился в 1985 году в Москве. С 2015 года живет в Киеве. Автор двух сборников стихотворений: «Третья азбука» и «Спичка» (Киев, Laurus).

Лютий Киев (фрагмент)

«— Однажды, прекрасным майским утром, стройная амазонка на великолепном гнедом коне скакала по цветущим аллеям Булонского леса...»

Я не помню, как всё началось. Так долго ждал, что уснул.

Печальный грохот канонады не разбудил меня, а скорее отвлёк. Вскакивать и рвать волосы на себе поздно. Поэтому отошёл ко сну.

Упомянутому обстоятельству потворствовало то, что я был пьян в стельку. И мой аниме-сериал закончился.

Спать при ярких потрясениях — полезное свойство. Сон в таком случае получается нейлоновым — неуютным. Сквозь него видно очертания внешнего мира.

Первая сирена воздушной тревоги, и первые взрывы где-то, кажется, недалеко производят впечатление. Самое простое, что можно сделать, — отстраниться, сделать вид, что это всё кино, ultra5D+, компьютерная игра. Вскоре, впрочем, приходит ощущение сродни пониманию: что происходящее — заслуженное посмертие. И это уже неизменно.

* * *

Когда я был маленький
Очень любил
Паутинку
Это такая большая частично сварная
Частично на болтах
Конструкция
В виде полусферы
Состоящей из треугольников

По ней можно было лазать
Висеть
Сидеть на самом верху
Крутая штука

Теперь это некоторая редкость
А раньше тоже была редкость
Внутри этой полусферы
Очень удобно вешаться

Сейчас стараются избегать этого
Хотя один мой знакомый
Повесился на подлокотниках офисного стула

Даже если эти люди
Что пытаются спасти мир от повешенных
(Хотя кому они вредят?)
Сделают землю лысой
Как бильярдный шар
Страждущие будут использовать инерцию

Так вот о паутинке
Это была практически идеальная модель
Треугольники связанные в полусферу
Узел их схождения был шаром
Я полагал что там внутри тоже эти треугольники
Фрактал так сказать

Удивительно
Пара болтов из уже павшей (перевёрнутой)
Паутинки
Пригодились при починке
Миномёта

ДОСы

Дома офицеров служащих
Панельные пятиэтажки рядом с аэродромом
С которого самолёты летали бомбить Чечню
Квартиры давали не всем
Не навсегда
Да и вода там была не так чтобы всегда
С пятого этажа в сортир на улице
Гвардии офицеру
Такого-то такого-то знаменного полка авиации
Его беременной супруге и
Маленькой дочке
Не набегаться

Несколько так скажем поколений
Семей лётчиков
Сменявшихся по как сейчас говорят
Ротации
Жили у моей бабушки квартирантами
Занимали одну комнату
В обычном доме
Выстроенном парой поколений
Из пятистенка
Во вполне трёхкомнатное обиталище
Впрочем сортир на улице
Телефон у соседей
Потолки низкие
Даже для лётчика

И я жил у бабушки
Каждое лето

Когда бомбили Чечню
В рамках первой операции
(Войны в РФ не было никогда
С момента её основания)
Войны

ДОСы — место первой любви
Первого алкоголя и сигареты
И более того
Там же узнал о радости онанизма
Музыки
И просто дружбы
Мои университеты
За подкладкой шинели
(Куртки)
Государственных
И общих
преступлений

Романс-кабаре

Утро было и утром всё стало не так как хотели
На полу и в гостиной и в комнатах мелкая дрянь
Дрянь мы собрали а вот окна не уцелели
Зато уцелела коллекция и чёрный рояль

И глядя из окон на горожан и воронку
Последствия взрыва и гомон всех служб
Я заключаю что вражьим далёким
И страшным ракетам
Не смутить наших душ

(Аплодисменты)

Утро было и утром всё стало иначе
Снова вдоль по реке повлеклися баржи.

И какой-то смешной но догадливый мальчик
Громко кричал: вам пора поспеши

* * *

Пожилой а поэтому ясный
Утомлённый печалью пацан
Говорит тут уже безопасно
А не безопасно — вот там

Странный запах взрывчатки и пыли
Мерзкий неповторимый букет
Но нет если и мимо и мимо
Ветер снова приносит привет

Хорошо когда есть запасенные
С потом мукою бог весть их как
Коробки медициною полные
И ты спишь на них будто бы шах

* * *

МА
Покойница ушла до времени
Но оставалась за столом
На огороде в бреде времени
Во всяком прочем и другом

Бывало в юности блистала
Свои приёмы отдала
Но без неё не будет бала
Она являлась и была

Печальны скорби на кладбище
Ещё печальней вне его
Потомки чтут считают вычет
И ветр врывается в окно

* * *

в одеяльной одури посреди войны
полежу немножко полежи и ты
полежи поплачь а не хочешь — вой
из-под одеяла мартеновой трубой

были стены
на стенах обои
пыль да тьма теперь
кто их успокоит

в одеяльной одури посреди войны
некому сказать тебе отдохни и ты
полежи поплачь а на речке мяч
недоступный мяч заминированный

были стены на стенах полки
на полках книжки варежки
ничего теперь нет ни иголки
ни нитки сшить как раньше

* * *

Человек средних лет поднимается на этаж
Человек средних лет совершенствует свою жизнь
И слушает аудиокниги и поднимает стаж
Ему не поможет. По небу проносятся МиГи.

Опять парад? Устало думает он.
Нет моих сил спускаться и подниматься.
Начинают обстрел и он
Остается там
Где не стоило оставаться.

Даниил Задорожный

Украинский журналист и поэт. Родился в 1995 году во Льво-ве. Автор билингвального сборника «небезпечні форми близь-кості / опасные формы близости» («Герда», 2021).

* * *

сделай что-то полезное для победы Украины — например
умри, не доехав на фронт
если не захотел убежать от зажатой в окровавленной
                                    лапе повестки у входа в метро

мобилизируйся и выстрели в военкома в упор
брось гранату в толпу срочников
запиши видео, как твой взвод бросят без оружия
                        в мясорубку, выявляя позиции ВСУ
отправь журналистам в телеграмме таймкод
как ты сидишь в подвале под Луганском за отказ идти
                                    убивать без подготовки

только с подготовкой ты согласен убивать,
                            только с подготовкой
как мама с женой учили говорить в обращениях путину

или это способ откосить, когда ты уже в капкане?
                        если отгрызёшь себе ногу
застрелят как собаку. если выживешь — застрелят
                                не как собаку
твой выбор, если ты ещё помнишь, что это значит
                                    помимо слова

* * *

если надо, чтобы она развалилась — пусть разваливается
деколонизация — наше, нахуй, всё, нахуй
если она сохранится, но отъебётся от украины —
                                        замечательно

главное — чтобы она отъебалась — вот, что главное
желательно также, чтоб отъебалась она и от сирии,
            грузии, казахстана, ичкерии, беларуси, молдовы
            и вообще от всех
кто ненавидит россию. но я не могу говорить за всех

я устал чувствовать эмоции из-за россии. она недостойна
и капли моих слёз по убитым, раненым, брошенным,
                                осиротевшим и обездомленным
пусть умирает россия, если так будет лучше для украины,
                                                пусть живёт
если это будет более выгодно для нас, пусть!
вообще неважно, что с ней будет, главное —
                                чтоб отъебалась россия

ее «классическая литература» — это молчание пьяного
                        над телом невинно убиенного неважно-кого
и его попытки оправдать что-то и как-то
или молчание
или бессильная что-либо изменить издёвка аристократа
                        над коррумпированными чиновниками
искренняя, но беспомощная
эмоциональная, но со всём соглашающаяся, даже
                                с неприкрытым насилием:
«а что нам ещё остается делать, кроме как писать
                                обо всем этом?»

настоящая русская культура — это русский мат,
                        на котором россию посылают нахуй
и дают ей пизды

кроме того, что я заебался жить возле россии
и несмотря на все мои этику и миролюбие
пусть умирает россия, которую мы все знаем
и пусть больше
никогда не воскреснет в аду

* * *

все формы жизни попадают в рай
если бы я в него верил, там были бы все животные,
                                        которых я знал
которых видел в зоопарках в Ривному и в Ялте
видел на фотографиях с деоккупированных городов

там были бы все животные, которых я никогда не видел
все виды людей, которые до нас не дожили
все убитые и съеденные, брошенные и родившиеся
                        на улицах, хищники и травоядные;
всем израненным оказали бы помощь
даже тем, у кого болит голова, а они не знают,
                                как сказать об этом
хотя овладели человеческими языками лучше нас самих;

сейчас там появились очень много животных из Украины
вместе со своими семьями и новыми опекунами,
                        которых убили российские военные

конечно, в этом раю будет меньше людей. в нём
                не будет военных преступников и людоедов
и вообще там едят фрукты и искусственное мясо

но его нет. Рая. а если бы он был
то я бы очень хотел попасть туда
чтобы увидеть своих родных животных. увидеть своих
        знакомых и увидеть тех, с кем не успел познакомиться
но о которых узнал после их смерти

обнять их и расплакаться, сказать «прости меня»

и «спасибо»

я очень хочу увидеть своих животных
я очень хочу погладить их всех ещё раз

* * *

тих их стих
да и он — стих: очень жаль, что вышли немногие
но чего ожидать от тех, кто не выходит ни за своих,

ни за себя
может быть это потому что у них нет своих?
или нет себя? а есть кто

отдающий семью на растерзание государству?
пущай уходит на войну и не возвращается
так больше денег будет, так всем
будет
лучше

кто
идущий на убой ка́по, лучше всего в мире умеющий
пытать и снимать это на камеру?

может быть... это ты? или твой друг?
или хотя бы маленькая частица
тебя?

убегающие от вины рано или поздно сталкиваются
взглядом с убегающими от войны
в лазурной точке заснеженной вершины пекла

где знакомому из Луганска звонит его отец и говорит, мол
ты потерпи немного, запасись водой, ещё недельку
подождать — и всё

будет. там наши придут, ты потерпи немного

пока его сын съебывает от попытки захватить Киев
в первые дни вторжения
с чёрной меткой своей прописки

але ж ми єдина країна

від Сяну до Дону

від Дону до Сяну

* * *

5 июня

мы недостаточно говорим обо всём — потому что
всего слишком много
я не успеваю обрабатывать, читать все новости

но сейчас отметим: они оккупировали — не только —
Херсон
у них туго с переправами и уличными боями,
ЗСУ предпринимают контратаки в Северодонецке
но они отлично ровняют города с землёй, сеют обвинения
жертвы, пожинают коллаборантов, похищают сталь
и пытают активистов
завозят российские учебники в полуразрушенные
школы. но они не наши. и дело не столь в языке,
но и в нём тоже

к тебе обращается человек возле кафе и говорит,
что закапывал их трупы
и сначала ему было их жалко, но что они делают
в этой стране? они здесь, потому что они все забыли.

я не хочу чувствовать к ним жалость. каково бомбить
город, в котором ты не так давно родился?

* * *

украина не россия
и не антироссия
и не америка
и не...
..

*

эта привычная тактика: с вечера работает артиллерия
а утром пехота пытается войти в город
окружив его советскими мифами

в бессильной ярости обстреливая гражданских
вертя на котлах чугунных гуманитарные катастрофы

они узнают украинскую ночь ранней весны: днём плюс
ночью — минусовая температура

по коленки гусениц увязая в грязи
запивая отсутствующее, как отец, отечество
скисшим топливом
мимо обугленного и обмёрзшего тела товарища
                                        из соседней республики
с остатками украденной микроволновки в груди

какой капитализм — такая судьба
и такие трофеи

пока российские люди не просыпаются, оплакивая
                                        инстаграм
ещё один осаждённый город почти не спит, не ест,
                        не пьёт и не сидит в интернете

пока мы принимаем переселенцев и беженцев в тылу
плетём сети, пытаемся удержать экономику

они матом орут: «отступить!
перегруппироваться!»

— но в папочках всё было по-другому, — начинает что-то
подозревать человек, с голосом похожим на голос путина, —
где цветы? почему они не бегут и почему они с меня в ахуе?
куда пошли агентурные деньги на пятую колонну? что так
странно смотрит на меня макрон? чего отсиживается бацька?

они призовут всех: отбросы, изгнанные из «вагнера»
тиктоки «кадыровцев»: но силовые деды ещё не поняли
что у них началась менопауза

не путать просроченные сухпайки с человеческим
                                    мясом срочников
не путать пропаганду и проверенными источниками
не путать уже котырнадцатый день войны —
                                    уже с которой неделей?

ii.

беларусские и крымские больницы полны ранеными
                                    солдатами россии
крови льется так много, что её уже не хватает

их просят перелить ее
вот так кровь русских разбавляется кровью беларусов

«русский военный корабль, иди нахуй»

антиколыбельная сирены звенит в ушах
как вода, которую не можешь вытряхнуть

как паразит, проникающий в мозг
перегруженный новостями о продвижении войск
                    и фотографиями с телами их погибших солдат,
                        которые теперь официально находятся
на территории моей страны

рассматривая их, чувствую удовольствие, которое
                                    никогда не хотел испытывать

перегруженный инструкциями
где искать убежище и как прятаться между несущих стен
что нужно собрать в тревожный чемоданчик
у кого есть дети — в тревожный рюкзачок, пока они
                        ещё ходили в школу последние месяцы

новыми терминами
и бессонницей
перегружена наша ночь: скотч на окнах и гуманитарка
                                    беженцам и солдатам
я вспомнил 2013 год

третий день полномасштабного вторжения
даже чертов Bild, публикуя карту с планами Путина,
                                    был прав

разведка была права

около 4:00 утра 24 февраля
Россия напала на Украину
с Юга, с Востока и с Севера
«Беларусь, когда все закончится, нам надо будет поговорить»

в его голове — «это военная операция»
для всего остального мира — это война
необъявленная
и без повода

если не считать сюжетных роликов по российскому
государственному телевидению
про якобы обстрелянный украинской армией сарай
в Курской области
который они назвали «пограничным пунктом»
хотя, кажется, это было в Гляйвице

хотят ли русские войны? теперь уже не важно
несмотря на всех тех, кто вышел/вышла на площади
своих городов
со своими стыдом, ненавистью и бессилием
приземлившись в автозаках

спасибо тем, кто вышел

благодаря рукоплещущим патриотам
как искренним, так и тем, кто за недвижимость на Западе
и по методичке

благодаря людоедам и безразличным
армады ботов в соцсетях и проплаченные инфлюенсеры
из тиктока
с одинаковым текстом оправдания боевых действий
как и всегда: «это украина напала на украину
а потом и на россию
на территории украины»

серийный маньяк-убийца межнациональных масштабов
захватив 140-миллионную ядерную страну
поверивший в собственную пропаганду, построенную
на ненависти и лжи
окружив себя ультралояльными силовиками
с кучей комплексов, обид и страхов
пытается остановить время
и вернуть его вспять
пытается захватить мою родину

посмотри на обстрелянные тобой жилые массивы

и детский сад в Охтирці

взгляни на созданный тобою ад

посмотри видео с российскими военнопленными

которые на камеру говорят, что не знали, куда и зачем

их отправили

что им тут не рады и что им не нужна эта война

вы все узнаете нашу географию — Харків, Київ,

Маріуполь, Мелітополь, Херсон, Щастя,

Станиця Луганська — вы узнаете

шутки про «Украина? А где это? Там, где Россия?»

уйдут в прошлое

это Россия там, где Украина

как и мир, разделившийся на «до» и «после»

как и то, что мы называли «Российской Федерацией»

как и то, что мы называли «Республикой Беларусь»

как иронично: «страна-победительница»

во Второй мировой войне

вплотную к тому, чтобы начать третью

на моём окне в этот день боли, приготовлений и риторики

висят два флага: сине-желтый

и бело-красно-белый

«я не верю в бога, но я верю в Вооруженные силы Украины»

в киевском метро, где жители прятались от обстрелов,

родился ребёнок

pornHub ограничил доступ к своему сайту из России —

к сожалению, это фейк

новости, новости, новости
и полное непонимание, чем это закончится
ни один текст нельзя дописать
ни одну ночь — выспаться
в первый день был шок
на второй — только злость и решительность
всё это происходит просто сейчас

Слава Украине
Героям слава

Александр Кабанов

Украинский поэт, редактор, общественный деятель, пишущий на русском и украинском языках.

Родился в Херсоне (1968), живёт и работает в Киеве.

Автор 15 книг стихотворений и многочисленных публикаций в журнальной и газетной периодике.

Стихи переведены: на украинский, английский, немецкий, французский, итальянский, нидерландский, финский, польский, сербский, белорусский, грузинский и другие языки.

Лауреат украинских и международных литературных премий: «Antologia», журнала «Interpoezia», премии Национального союза писателей Украины им. Максимилиана Кириенко-Волошина и др.

В 2022 году Александр Кабанов был награждён главной премией Международного фестиваля гражданской поэзии города Верчелли (Италия), проходящего под эгидой ЮНЕСКО, за личные достижения в современной литературе и за книгу «La lingua del nemico / На языке врага» (издательствово Interlinea, 2022).

Александр Кабанов — соучредитель и главный редактор журнала о современной культуре «ШО», который выходил в Украине с сентября 2005 по февраль 2022 года (проект закрыт из-за путинской агрессии) на русском и украинском языках, а также основатель и патриарх такого направление в современной литературе, как фьюжн-поэзия (fusion poetry).

Более пятнадцати лет своей жизни я писал и пишу стихи о войне как таковой. Но в 2011 году я написал цикл стихотворений, который назвал «Российско-украинская война». Этот цикл был опубликован в различных литературных изданиях, тексты из этого цикла входили в мои книги «Волхвы в планетарии», «На языке врага», «Русский индеец», «Обыск», «На слонах и черепах».

После 2011 года и до сих пор — я пишу стихотворения исключительно о российско-украинской войне. Это вовсе не значит, что буквально все мои стихи — про войну, которая вот уже более года как чудовищная реальность. Нет, у меня немало стихотворений о любви, философской лирики, о странах, в которых я побывал. Я лирик по своей поэтической природе. Но что мне было делать с теми страшными предчувствиями, которые зародились в моей душе более двенадцатити лет назад? Как избавиться от снов о войне, которая будет? Только писать, писать и ещё раз писать. Публиковать в журналах и книгах, читать на публике... Пытаться с помощью стихов предотвратить надвигающуюся войну? Надеяться на то, что широкая общественность и сильные мира сего — прочтут твои стихи-предчувствия, осознают надвигающуюся катастрофу и предотвратят её? Это было бы наивно предполагать. Чему быть — того не миновать, увы. Поэтому, получилось всё так, как получилось. Для умных я — предвидел, а для дураков — накаркал. Пишем дальше.

Верю в победу Добра, в победу Украины.

Из книги «Сын снеговика»

(издательство Freedom Letters, 2023)

* * * *

А это родина отца:
в обрывках утреннего света,
но кто запомнит сорванца
из александровского лета?

Посёлок, швейная игла,
вокруг — портновские лекала,
а здесь цветаева жила,
стихи к ахматовой писала.

А это — русская зима,
чей школьный снег белее мела,
вот — фабрика, за ней — тюрьма,
в которой бабушка сидела.

Всё это — дом-музей поры,
когда я приезжал в россию,
чтоб вспомнить папины дворы,
марину и анастасию.

И выпить доброго винца,
но я давно летаю мимо:
ведь это родина отца —
меня оставила без крыма.

А папа мой лежит в земле,
он — пепел в погребальной урне,
он — память о добре и зле,
и о стране пошитых в дурни.

Как много в воздухе свинца,
и с кем воюет украина:

а это родина отца,
а это родина отца —
пришла за родиною сына.

* * * *

В тоскане, в умбрии, в пьемонте,
где виноград, как свет очей,
я находился на ремонте —
под наблюдением врачей.

Согласно урбану и пию
и прочим папам на крови,
я здесь — руинотерапию
освоил с помощью любви.

Среди пленительных развалин
и молодящихся цикад —
мой дом был скромен: восемь спален,
каминный зал, веранда в сад.

И я, прогуливаясь мимо
оливковых, чуть пыльных рощ,
повсюду чувствовал незримо
империи былую мощь.

Теперь — с поправкой на лукавство,
сокрытое в людской молве,
я часто брал с собой лекарство —
вино, бутылку или две.

Закат расшатывал стропила
под черепицей бытия,
как хорошо, что ты почила
в веках, империя моя.

Пусть растворилась византия
в османской гуще, но она —
не обнулилась, как россия
в теперешние времена.

Не различить в тумане — дыма,
лететь по встречной — без руля,
и письма гоголя из рима
к ним не приходят с февраля.

* * * *

Когда на третий аватар —
слепых вели глухонемые,
мы принимали божий дар,
как инвестиции прямые.

Мы умирали нарасхват,
а после смерти, под висконти,
нас собирали, милый брат,
для рифмы и суда в пьемонте.

Был козий сыр, с ним заодно,
к столу мясная шла нарезка,
а следом — красное вино:
бароло или барбареско.

Гудели тучные стада,
в москитную глазея сетку:
был полный рай, но иногда —
входили женщины в беседку.

За ними кошки и коты —
кумиры утренних пробудок,
жрецы и жрицы смакоты,
чей орган счастия — желудок.

Мы верили, что рай спасём
и адскую разрушим сферу,
мы говорили обо всём,
о боге и войне, к примеру.

Что дело там — не в языке,
не только в лингвоциде мерзком,
а дело — в старом мудаке,
в его безумии имперском.

Мы говорили про кино,
что здесь — акустика плохая,
мы пили, чёрт возьми, вино —
из жизни в смерть перетекая.

Там, в небесах ревел металл,
не застревая в горизонте...
...когда всё началось — я спал
и снилась мне весна в пьемонте.

* * * *

Тридцать лет и три года
христос давал интервью дудю,
старожилы гадали:
это к засухе или к дождю,
оказалось — к войне, резне
и ракетным пускам,
далеко от распятия,
но ближе к эху, потом к гвоздю,
оказалось — христос хорошо
говорит на русском.

И продолжил он, заводной,
как ядрёна вошь,

и никак его не забанишь
и не заткнёшь,
больше в нём гордыни,
чем святости и таланта,
он взошёл на холм,
вытирая с ладоней слизь,
и вокруг него
украинские беженцы собрались —
слушать сына божьего
на языке оккупанта.

И христос говорил:
что спасения больше нет,
время кончилось,
как состраданье и вера в свет,
что отныне он —
сын и дух, и отец в законе,
и омега и альфа
сменились на «ви» и «зет»
у него на спине,
на багровом, как снег хитоне.

Время кончилось,
хейт и сенсацию не раздуть,
и сквозь трещины в небе
на землю хлынула жуть,
чтоб хватать людей,
которые не пригнулись,
я смотрел, как в сторонке
молился и плакал дудь,
и к нему российские
беженцы подтянулись.

И смешалось всё,
превратилось в один вопрос,
и сплелись в объятиях дудь

и простой христос,
породнились беженцы,
жаба и бедный ужик,
всех убили и все воскресли,
и всех спасли,
и на всех хватило в европе
родной земли,
и с тех пор в гааге суд
перешёл на суржик.

СЫН СНЕГОВИКА

Военный снег, летящий врозь,
не признающий старых правил,
он нас с тобой прошил насквозь
и только часть себя оставил.

Седьмое, лишнее крыло —
снег возложил земле на спину,
а шесть, которым повезло,
с собою взял, под землю, к сыну.

А под землёй блестит в огне —
каток и плавится от смеха
детей, убитых на войне:
пора — лепить отца из снега.

Но смерть устроена хитро
и предлагает рокировку:
венец меняет на ведро,
а крест и гвозди на морковку.

Я тоже сын снеговика,
и проводник святого духа —
через стихи, через века,
лишённый зрения и слуха.

И я хожу среди людей,
не уставая, удивлённо,
и знаю, кто убил детей —
побуквенно и поимённо.

И снег возносится, как дым,
над пепелищем безответным,
над страшным знанием моим,
над нашим знаменем победным.

* * * *

Пускай сотрётся жизни треть,
оставшаяся треть:
чтоб на чудесное смотреть —
в хрустальное смотреть.

Сквозь виноградник за окном —
на украинский крым,
пусть привыкает каждый дом,
под старость, быть твоим.

И распадается тоска
на семь победных дней,
и средне-русская москва
становится твоей.

И в память о большой цене
ещё звучит хорал,
и проигравшие в войне
сбежали за урал.

Ржавеет сорванный стоп-кран
в экспрессе лучших лет:
повержен враг, казнён тиран,
а счастья нет и нет.

И ты — строитель корабля
из деревянных книг,
поймёшь, что жизнь — не для тебя,
что счастье — для других.

Для тех, которые придут,
сгорая от любви,
чтоб новый выстроить редут,
как церковь на крови.

Возьмут за острые края —
свой дивный мир творя:
и это будет кровь твоя,
и молодость моя.

* * * *

Всем, идущим к неидущим —
я вручу бесценный дар:
что-то связанное с будущим,
радостное, как радар.

Чудо в перьях, счастья луковку,
родину из ничего,
эту маленькую буковку —
в слове бога моего.

Всем, тухлятиной воняющим
и прогнившим на корню,
стукачам и обвиняющим —
я прошивку изменю.

Чтобы вы себе закапали —
яд прозрения в глаза,
чтобы помнили и плакали,
голосующие «за».

Мне достались львы и лещенки,
дом с камином на стене,
где потрескивают трещинки —
в память о моей родне.

Угли да углы потёртые,
древний гугл, тьма в строке:
пусть меня окликнут мёртвые
на этрусском языке.

Утро — молодое, раннее,
старость, словно благодать,
как последнее, бескрайнее,
неспособное предать.

Всем, идущим против морока,
что снаружи и внутри,
я открою двери облака:
номер два и номер три.

Дверь воды — простому спамеру,
а поэту — дверь огня,
только в газовую камеру —
не входите без меня.

* * * *

Не хватает деталей, закажите немного
тех деталей, в которых зима —
обнимает кота, словно младшего бога,
согревает дыханием — тьма.

Тех деталей, в которых, вращаясь, утробно —
свежим снегом хрустит коленвал,
тех деталей, в которых построчно, подробно —
дьявол прятался и ночевал.

Время движется тяжко и краеугольно
в бесконечной своей новизне:
не хватает деталей, чтоб — сразу, не больно,
чтоб не страшно, внезапно, во сне.

А стихи — это значит, заведовать болью,
окуная паяльник в припой:
пахнет медленным оловом и канифолью,
даже новиков пахнет прибой.

Над окопами — звон похоронных медалей,
отрывается снег от земли,
для начала войны не хватало деталей,
и внезапно — детали пришли.

* * * *

Я пробирался нараспев,
меняя крылья на полозья,
сквозь рощу молодых дерев,
сквозь женское многоголосье.

А ты, отклячивая зад
в моём тик-токе и в ютубе:
смотрела молча на закат
и думала о новой шубе.

Мы поженились в общем сне,
в мечтах народа о шансоне,
в двойной по смыслу новизне,
на даче, в городе херсоне.

И ты, как смерть, при свете дня,
подобно слову, то и дело:
нещадно жалила меня,
но уверяла, что жалела.

И я признал свою вину,
звеня прощальной стеклотарой,
и ты сбежала на войну,
а я лежал — больной и старый.

И думал, это всё — игра
в каком-то адском водевиле,
прошла осенняя пора,
и вот, зимой тебя убили.

В бою, в начале декабря,
и в заведении нелепом —
волхвы вернули мне тебя:
моя звезда, ты — ваза с пеплом.

Теперь, ты больше не видна
ни мне, ни грёбаному свету,
и я поставлю у окна,
на подоконник вазу эту.

Где снова зеленеет медь
весны, вращая мир вручную,
где так любила ты сидеть
и вглядываться в тьму ночную.

* * * *

Я привык начинать с листопада
и заканчивать снегом в окне,
но коварные боги джихада
на рассвете приплыли ко мне.

Вдоль по небу из крови и нефти,
над полями грядущих боёв,

в чёрных коконах жизни и смерти,
заострённых с обоих краёв.

Появились — судьбе на замену,
и без помпы качая права,
под воздушную в брызгах сирену —
на ходу подбирая слова:

Мы — во тьме просвещённые лица,
всяким бедам ведущие счёт,
знай, что ваша война будет длиться,
даже если диктатор падёт.

Ветер склеит подсохшие лужи,
и они — отразят фонари,
сгинет враг, побеждённый снаружи,
чтобы тут же воскреснуть внутри.

Посмотри сквозь пустыню разлуки
на иной, вероятный расклад:
вот, ещё не рождённые, внуки
на врага из окопов глядят.

Вот могучее тело джедая —
покрывает имперская слизь,
и вернулась жена молодая,
и, обняв тебя, шепчет: проснись.

Я проснулся, усыпанный снегом,
подгорающим снегом листвы,
между берегом и оберегом,
о которых не слышали вы.

Это царство моё и порфира,
и земля, что мне ближе всего,
и она — не от русского мира,
и она — не от мира сего.

Андрей Костинский

Родился в Харькове (1969).

Окончил Юридическую академию Украины (2001) и философский факультет Харьковского национального университета (2011).

Стихи и переводы публиковались в журналах: «Вестник Европы», «Двоеточие», «Артикуляция», «128lit», «Березіль», «Склянка часу», «Графит», «Топос», «Полутона», «Каштановый дом», «Дети РА», «Adab-e-Latif» и др.

Автор книг «Аритмия» (2009), «Іоголь» (2012), «Репетиция рассвета» (2019), «Ll» (2021). Стихи переведены на английский, армянский, бенгальский, вьетнамский, греческий, иврит, испанский, китайский, польский и урду.

Сожжённый очаг

Война застала в нескольких километрах от Харькова. По окружной в сторону города мимо моего посёлка двигалась вражеская бронетехника. После того как она была вся сожжена в самом городе и на окраинах, враг решил город бомбить.

Несколько раз я порывался пешком дойти до города, забрать все фото, видеокассеты и диски — с детством сына и дочки, с ещё живыми на них дедушками и бабушками.

Российская авиация то и дело гудела над головой, дорога была вся в воронках и простреливалась, да и была ничейной. Приходилось каждый раз возвращаться с полпути.

Решил пойти накануне 8 марта. Но не удалось...

...Шёл 11-й день войны... 6 марта 2022 года. Прощёное воскресенье.

Дочка собиралась утром по делам. Кошка Нюша перегородила выход, не хотела выпускать, словно чуя непоправимое...

23:30 — звонит сын: «В сетевой группе сообщили, что в нашей квартире взрыв и пожар...»

23:31 — звонок дочери... «Я жива! Задержалась во время тревоги у подруги...»

01:30 — пожарные гасили то, что уже догорало... «Не смогли приехать раньше — было много вызовов...».........

Затем я несколько раз пробирался в город, раскапывал в пепле полусгоревшие фотоальбомы, вынес и пару десятков таких же книг. Их спасло то, что взрыв разорвал трубы отопления и вода залила угол одной из комнат. Нашёл и обожжённое бездыханное тельце кошки... вынес и её. Своих не бросаем... Похоронил в саду...

На блокпосте около моего дома вежливо: «Можно Ваши документы? Где живёте?»

Показываю на чёрные окна многоэтажки. «Вчера жил там».

Проверяющий вернул паспорт, бросил взгляд на пакеты с книгами и кошкой: «Не повезло. Одна квартира на весь дом...»

...Когда был в пепельной квартире, сфотографировал то, что от неё (не) осталось...

Позже посмотрел на фото — на стенах были силуэты из копоти, будто спасающие что-то из огня, или спасающиеся... И вспомнил то странное ощущение, когда казалось чьё-то присутствие, будто на меня кто-то смотрит...

Такие же силуэты пытаются погасить пожар и в моей памяти — личной видеокассете для одного зрителя при жизни...

* * *

на вершине этой не ловит связь
на вершине холма*
холм стоит в низине
вершина его низка

где-то на другом конце провода
ждут моего звонка
ждут моего ответа
на открой и ответь

чтобы позвонить
надобно долго
ходить по другим
холмикам и холмам
где ловится связь

страшнее всего неизвестность:
пишешь и ждёшь
уйдёт не уйдёт

нет сети нет сети нет

когда молишься
то знаешь
что всё хорошо
на другом конце
жизни

---

* В ноябре-феврале 22/23 Россия выпустила несколько сот ракет по инфраструктуре Украины с целью лишить её жителей связи, тепла, воды и электричества.

Андрей Костинский

ОСТАНОВИВШАЯСЯ БИБЛИОТЕКА

тем, кто покинул свой дом от войны
и погиб, не доехав до

в оставленном доме —
остановилась библиотека

так — часы
когда умер
кто-то

стоящие рядом
мамин-сибиряк
и карпенко-карый
стали читать друг друга
перепрыгивая через дефисы в
мамин-карый
карпенко-сибиряк
их примеру последовали
все в книжном серванте
сервантес читал дефо
дефо читал про дефолт
карнеги читал конфуция
а тот про путь ли в кунг-фу
даже ахматова
дала себя почитать
маяковскому
барражировавшему на канате
(ввм — ааа: Нате!)
[перчатка с правой руки нашлась
во втором ряду, где] горький
пересказывал
стоящего слева пелевина
стоящему справа аввакуму
сосюра и соссюр

бросали друг в друга
сонедостающие АС
зажатый между отцом и сыном
есенин отбивался от дюм
прочитанной цитатой у фрейда

к вечеру все знали обо всех
даже словарь геодезических терминов
нашёл приятного почитателя
в по-читателе, утвердительно
проговаривая неверворон.
энциклопедия алкогольных напитков
изучалась к ночи
всеми
классиками и современниками

библиотека фантастики
совместными усилиями
пыталась изобрести
машину времени
чтобы в хотящем спать
ворчливом фотоальбоме
оживить хозяев
покинувших дом
в четыре сорок утра
лежащих в версте от дома
около перевёрнутой машины
спасших несколько
фамильных изпоколенных
фолиантов
без которых библиотека
остановилась

* * *

пилот Чехов поднял в небо самолёт
по приказу командира Пушкина
выпустил по украинскому Днепру ракету*
разработанную Тютчевым и Есениным

Некрасов жуя за ужином рябчика
принесённого в зубах Тургеневым
и приготовленного Ломоносовым
включил вкусный телевизор

диктор Державин сообщил:
Мы россияне можем гордиться
сегодня мы уничтожили
целый подъезд
детей — будущих националистов
беременных националистами женщин
стариков — родителей националистов
операция по денационализации
Украины
идёт по плану

Державин хотел застрелиться
но ему позвонил сыночек
Папочка приезжай
умер наш пёсик Герасим

---

* В Днепре в середине января погибло около пятидесяти человек после прилёта рф-ракеты.

УГОЛЬЯ

африканский/греческий/египетский боги
смерти проваливаются пятками
в дыры времени и пространства
пляшут на украинском поле

Ирина Котова

в поле вой
в поле вой
в поле вой
в поле-
вой каше
мышки про-
рыли норы
каша из зёрен
пылинок звёзд
и звёзд покрупнее
изюминок
О-половник луны начищен
торчит из окопа
в котором и сварена каша
если не видно в небе
светил
значит их кашевар
поместил
в рождественские
окопы
накормить и волхвов
чтобы

разведывательный дрон
смотрит на перевёрнутое небо
каша налита по уровень земли
поверхность её выровнена
как штукатуром ПО-то-Л-ок

а в небе самом
лабиринты окопов
своих чужих
зияют пористыми
пустотами созвездий
и формой для отлива
лунного ополовника
и никого
ни одной каски
ни одного броника
ни следа от берцев
ни замаскированных
ми-гра-на-но-то-мётов
ни-че-го
ніч-его
night
nicht
ніхто
никто
не откликнется
нет такого имени
на которое откликнулись бы
оттуда

а по левой руке от
Бога
восходит
одна
Звезда

РАДА

в новых стенах — я и собака,
ещё вздрагивающая от звуков грома
и вжимающаяся в меня при этом.

...после полуторачасового боя,
когда мины и снаряды летели
над моим домом в обе стороны,
левый зрачок Рады ушёл под лоб,
и она смотрела на меня только правым,
упав на землю без сил. лежала долго,
сначала не могла отдышаться,
потом время от времени я подходил и клал руку
ей на бок: жива ли? — так тихо она лежала,

так было каждый день по несколько раз.

а ночью брал её на кровать,
обнимал, чтобы не боялась выстрелов,
и поспала, и слушал ночь до утра...
раз в неделю пробирался в город
за едой для неё и соседских кошко-собак.
на весах размерял крупы по дням.
а накануне дня,
когда перебили свет на два месяца,
напёк хлеба, оставил на кухонном столе:
будет и мне еда на неделю.
утром смотрю: стол пуст,
и довольная сытая собаченция
ждёт, когда накормлю её кашей с тушёнкой.

а накануне отъезда
осколки накрыли ту часть двора,
откуда мы отошли полминуты назад...

когда же оставил одну впервые в её жизни,
в чужом волонтёрском вольере, чтобы поспать впервые
за всё время — на матраце, на сцене актового зала,
вбежала девушка: ваша собака убежала,
разломала вольер и...

когда её нашёл, последнюю бессонную ночь
до утра ходил с нею вокруг тёплого дома
(в дом двоих не пускали),
где актовый зал и матрац,
но счастливый от того, что счастливы оба:
мы снова вместе, и знаем, что вернёмся
во двор, полный ёжиков и молодых ёлочек —
в дом, где мы в любую погоду
под одной крышей и под одним небом.

Александр Моцар

Поэт, прозаик. Работал журналистом. Автор сборников стихов «Александр Моцар, Бим и Бом и другие клоуны» (Днепропетровск, Лира, 2013), «Е=М (Механика)» (Киев, Каяла, 2016), романа «Родченко (кошки-мышки)» (Киев, Каяла, 2016), повести «Простые фокусы, или Смотрите, на ветке сидит попугай» (Киев, Каяла, 2020). Лауреат поэтического слэма Григорьевской премии-2015. Шорт-лист премии Олеся Ульяненко (2016). Лауреат премии «My Fest 2018». Повесть «Тыл» входила в длинный список литературной премии «Национальный бестселлер» (2020).

Замкнутое пространство это не помещение, не комната, не прочие клетки — это сознание в периметре войны. В поле зрения взрыв. Звук от него дойдёт только через несколько секунд. Считаю секунды. Так проходит день. Ночью идём с братом на дежурство в наше убежище. Суть дежурства — присутствие и разговоры. Володя — совсем простой человек, он может бесконечно рассказывать о пережитом миномётном обстреле. Дом без стёкол, Володя без мысли, без переживаний, без эмоций рассказывает, почему его дом без стёкол. Он засыпает сидя, просыпается толчком, словно от того взрыва, и опять повторяет нам свою историю. Алла живёт исключительно в бодром новостном потоке, не отвлекаясь на окружающую действительность. Мы здесь в таком же замкнутом пространстве — четыре угла квартиры, лестничная клетка, убежище с костром и людьми. Костёр ласковый, как кошка. Костёр лижет холодные руки. Несколько раз мы выходили на крышу нашей десятиэтажки. Взгляд упирался в пламя и вой реактивной артиллерии и мрачное, багрово-чёрное зарево. Но и из этого отсутствующего состояния есть выход. Здесь помочь кому-то значит помочь себе.

* * *

В кармане куртки пивная пробка,
Смородиновая карамель
И медицинская надорванная маска.

Здесь жизни довоенной тень.

В тот день
Конфетами с руки кормили мы прибившуюся таксу.
Говорили
О гоголевских нарративах.
Потом
Сходили ещё раз за пивом.
Так разговор наш повторялся многократно.

Всматриваюсь в «Тайную вечерю» Леонардо —
Фома в надрыве задаёт вопрос. Чтоб объясниться,
Показывает небу пальцем единицу:
«Один из нас предаст
Или
Весь мир предаст»?

* * *

Считать сумму углов в квадратуре круга.
В бесконечной абстракции нет итога.
На мясокомбинате работали два лучших друга
По прозвищу Гога и Магога.

Так параллелями непересекающимися
Каждый жил в собственной тактике.
Магога был циник, но его товарищ
Добрался в инфернальные пределы галактики.

В кубатуре бойни ему не было душно.
В своём личном итоге он знал, что почём.
С застывшей улыбкой он созерцал души в тушах,
Которые расчленял секачом.

Вглядываясь в стадо, облепленное мухами,
В живую мычащую колбасу,
Магога рассуждал о нерасчленимости духа,
Гога смеялся, ковыряясь в носу.

Гога догадывался, что за смертью не видно
Великую бесконечность распада.
Гога молчал, глядя на быдло,
Ведя статистику поголовья стада.

Серое утро, мутные струи.
Человек бормочет, улыбаясь в окно:
«Так как вселенная существует,
То я ей тождественное существо.

В этом замкнутом мире как в бездне бездонной.
Здесь даже те, кто со мной не согласен.
Кто живёт за серым забором бойни,
На котором написано «здесь был Вася».

* * *

И тогда человек замкнулся в разрыве —
Четырёхмерном пространстве в одномерном мире.
Построил дом, встретил подругу.
И начал жизнь с нуля, по кругу.

В каждом замеченном им движении
Он видел только своё отражение.
В зеркале вдребезги упавшем с полки
На миллиарды живых осколков.

В хаосе неразрешимого спора
Люди снарядами землю роют.
Чтобы в слепой, святой аффектации
Там с мертвецами своими обняться.

* * *

Тень и сомненья отбросив, идёшь напролом.
Станешь не буквой абстрактной, но конкретным числом.
Станешь по стойке смирно в серый бетонный строй.
Здесь обретёшь ты цель, а значит душевный покой.

Развоплощение — стёртые плоские лица.
Страшная драматургия нулей позади единицы.
Мир как идея, и в статистической мелкой погрешности
этой идеи
Твари дрожащие, которые право имеют.

* * *

Лианов ночью зашёл в лес
И там на дерево влез.
Он вспомнил всё, что было не сказано им,
И стал одним.

Теперь он мог смотреть на мир словами.
Теперь слова его глазами стали.
Теперь он отличал смерть от начала,
И каждое мгновенье в нём зазвучало

Тишиной.
Лианов понял принцип основной.
Он прошептал насмешливо и грозно,
Глядя на звёзды:

Они врут,
Что не умрут.
Заря здесь озарила небосклон.
Господи, — сказал он.

* * *

Тлением
Не затуманишь бездонный дух.
Мир перестал быть временем,
Заключённым в круг.

Полый,
Как взгляд идиота.
Человек ограничен собственной, полной
Свободой.

Вот чёрный ход
На паркет социальной эстрады.
Здесь уже появился тот,
Кто знает, как надо

Утилизировать брошенный хлам —
Пеплом и гарью на чёрно-белом свете.
Он покажет ещё всем нам,
Как ветер живёт в неживом говорящем предмете.

Вспыхнули образа
В точке итога.
Здесь человек — это глаза
И дорога.

* * *

Себякин и Мячиков идут убивать телевизор.

Так может звучать
Название кромешной картины Брейгеля Старшего.

Жёлтый, растоптанный снег в палитре заката.
Кирха, возле неё
Люди гуляющие, танцующие.
Слева от входа — бочки, телеги с соломой.
Ослик, привязанный к ветхой ограде.
Рядом жестокая детская драка.
Здесь же,
Не обращая внимания на общую суету,
Себякин и Мячиков
Ведут убивать телевизор.

Если присмотритесь, то непременно увидите,
Как звон колокольный вспугнул
С виселицы сороку. Там вдалеке.

В прозрачной, как небо, реке,
Текущей по склону.
В плотно сжатом кулаке закона
Распада
В инстинктивном движении стада.
В этих молчащих, влажных глазах изумленья лишённых.

Смотрит, опёршись на посох, пастух отрешённо.

Ведут убивать телевизор.

Мир — пасть.
Туда бы не упасть.

* * *

Уходя, не выключай за собой свет.
Тирания распада свойственна только природе.
Человек это немного — несколько десятков лет,
Или много — Микеланджело Буонаротти.

Перед сном укроешься Днём седьмым.
В этом строгом покое существует Ничто или Нечто?
Есть скорость света, но нет скорости тьмы.
Тьма — это неосмысленная бесконечность.

Есть свобода движения вперёд или назад.
Этот выбор — созидающая стихия.
Но в пространстве и времени, в системе координат
Ночью посеяна энтропия.

Здесь слова рассыпаются в горячий бред.
Человек зверем мечется в своей свободе.
Уходя, не выключай за собой свет.
Тирания распада свойственна только природе.

Тая Найденко

Родилась и живёт в Одессе. Журналист еженедельника «Одесская жизнь». Автор поэтических сборников «ВСЁ ДаНО» (2019) и «Тринадцать» (2023).

Сколько ни бился преподаватель, а из всего курса юридической латыни в моей памяти сохранились только два осколка: древнее изречение «Dulce et decorum est pro patria mori» — «Сладостно и почётно умирать за родину» и ловкое слово «alibi», что дословно означает «в другом месте». С началом полномасштабной войны всё это зазвучало по-новому.

Оказалось, что римляне были те ещё романтики, а мы сегодня гораздо ближе к циникам. И нет ничего сладостного в смерти, за что бы ты ни умирал. Жизнь — куда слаще. И трагедии в том, чтобы вернуться домой в закрытом гробу, куда больше, чем какого-то там почёта. Пусть даже встречать твой гроб будут толпы коленопреклонённых соотечественников. Глупая фраза, честное слово. Сказали бы прямо: «Порой приходится умирать за свою родину», и то звучало бы лучше.

А вот что касается «в другом месте»... о, алиби ещё никогда не бывало так многогранно и актуально! В другом месте — там поспешили оказаться миллионы беженцев-украинцев. Где-то в другом месте — там происходит война, по мнению миллионов россиян со страусиными повадками. В другом месте — неизменно оказывается злобный московский карлик, что бы ни взрывали в Москве.

Но к чему обвинять, если уместнее оформить явку с повинной? У войны есть тысяча разных температур, где-нибудь всегда окажется погорячее, и вот я сама, сидя в Одессе, успокаиваюсь тем, что оккупация — это где-то в другом месте. Что уничтожена половина города — в другом месте. Что в очередную воздушную тревогу ракеты летят мимо — в другое место. Или что взрывы — всего только на окраине города, не в нашем районе, в другом месте. А если что-то гремит и взрывается совсем уже близко, то всегда можно включить сериал погромче — и сделать вид, что я — не тут, я сейчас — в другом месте.

И только изредка, то в минуты самой гнусной усталости, то в мгновения самого жуткого страха, всё вдруг сходится воедино: и я, и эта война, и время, и место. И осознание того, что вот она я — на своём месте. И всплывают чёртовы пафосные слова: сладостно и почётно, сладостно, сладко...

Нет, кое-что эти древние римляне понимали.

* * *

Был «свідомий», стал — осведомитель,
Самый рьяный кало-лаборант.
Рвался в бой, но вдруг обрёл обитель
За границей и присел на грант.

Был богат, презрителен, спокоен,
Всё спустил на беженцев, ты глянь...
Был айтишник — оказался воин.
Был военным, оказался — дрянь.

Был экскурсовод, остался — овод:
Жалит и жужжит на пустяки.
Другом был, а нынче — только повод,
Чтоб при встрече не подать руки.

Этот будто даже спал в костюме,
А теперь с утра — сто грамм на грудь.

Просто жил. Теперь не то чтоб умер —
Начал разлагаться по чуть-чуть.

Жил «по кайфу», тупо развлекался...
Ранен был, когда спасал котят.
Сукой был... ну, сукой и остался.
Этим перемены не грозят.

Переломы, вывихи, зигзаги.
Помнишь, как недавно, как давно
О таком читали на бумаге,
О таких смотрели мы кино?

Спорили, достаточно ли точно
Проработан каждый диалог,
И сходились иногда на том, что
Это перебор, герой не мог!..

Вот и мы в сюжете, друже, что же...
До финальных титров много дней.
Мы всё это можем, Боже, можем.
И ещё прекрасней. И страшней.

Роль героя на войне уместна,
Как и роль злодея, подлеца.
Главное, чтоб доиграли честно.
Чтобы до победного конца.

* * *

*По мотивам видеозаписей, попавших в Сеть

Дела в России удивительны:
Не школа, не урок,
Но на пороге — три учителя,
Трёхглавый педагог.

И каждый ломится с повесткою,
Выдавливая дверь.
В квартире мать сидит с невесткою
И плачет, что теперь
Кормилец на работе, вроде бы,
Но раз уж надо так,
Готов прийти на прихоть Родины,
Чтоб сдохнуть за пятак.
И всё же доля возмущения
Есть в голосе, печаль...
Такое даже ощущение,
Что маме сына жаль.
И мать, как будто по традиции,
Вдруг возвышает глас:
— Да что ж и ночью-то не спится вам?!
Двенадцатый же час!

— Мы в приказном порядке сами тут! —
кричат учителя. —
Нам не устраивают саммиты
Согласованья для,
А просто вызывают вечером,
Командуют «Разнесть!»,
И мы невольно, делать нечего,
Бежим что мочи есть.

Слова магические, светлые:
«Мы ж сами ни при чём!»
А значит, можно быть приветливым
С невольным палачом.
«Погиб поэт, невольник чё-то там...» —
твердит невольно класс.
Невольно выругавшись шёпотом,
Погибнут и сейчас.
А те, что вдруг невольно выживут, —
Неволюшку кляня,

Убьют мою собаку рыжую,
И мужа, и меня.

— Мы все тут люди подневольные! — строчит интеллигент.
— Мы все тут люди подневольные! — скажи в любой
момент.
— Мы все тут люди подневольные! — пищит любая тля.
— Мы все тут люди подневольные! — кричит сама земля.

Уже не стыдно и не больно им,
Но спросят на суде:
— Да, много было подневольного...
А люди были — где?

* * *

У окна мы тогда стояли.
Падал свет.
Кто-то громко смеялся. Я ли?
Вряд ли. Нет.

Шёл две тыщи какой-то. Лето.
Или май?
Говорили о снах, приметах...
Вспоминай!

Говорили о людях, лицах,
О душе.
Сигарета могла дымиться
Час уже.

Что там было-то — в разговоре
До войны?
Ты показывал складки горя
И вины.

Все морщинки. И лапки смеха
Возле глаз.
«Это всё, — хохотало эхо, —
Не про нас!

Это всё углубится позже,
К сорока».
Свет касался согретой кожи,
Не рука.

Нас лепили лучи, слепили,
Как котят.
Это было лет восемь — или
Сто назад?

С февраля я насквозь промёрзла,
Как река.
В спину бьёт и толкает воздух,
Не рука.

Не спастить от волны ударной
За стеной.
И морщины пришли попарно —
Все со мной.

Складки горя прошли вдоль носа,
Будто рвы.
Лоб наморщился от вопроса:
«Что же вы?!»

У бровей залегла косая
Дробь-черта.
Нити скорбные заплясали
Возле рта.

Под глазами, под мелкой сеткой —
Серый блик.
Не лицо, а сухая клетка.
В клетке — крик.

Подбородок остался гладок,
Невредим.
Только пара упрямых складок:
«Победим».

Всё, что нам обещало эхо
До войны.
Разве только вот — «лапки смеха»
Не видны.

* * *

Стала война и не враг, и не друг,
Просто наука:
Осознавать, что у света есть звук,
Множество звука.

Гул холодильника, рваный теперь,
Грохот трамвая.
Звуки собаки, скребущейся в дверь,
Громко зевая.

Кашель соседа и новости бред,
Скрип половицы —
Всё, что как только отключится свет,
Вмиг прекратится.

Днями не видно, не слышно ни зги.
Щелкнет рубильник —
Снова собака, трамваи, шаги...
И холодильник.

Каждое новое знание в плюс,
Как же иначе?
Осознаёшь, что у света есть вкус:
Теплый, горячий.

Вкус разогретого супа и каш,
Чая и кофе.
Даром вопит сумасшедший «крымнаш»
О катастрофе.

Зря он грозит. Мы вкусили вполне
«Пепел и пламя».
Просто чтоб выиграть в этой войне,
Нужно быть нами.

Просто. И было понятно давно,
В самом начале.
Что ж мы узнали о мраке, чего
Прежде не знали?

Звёзды над городом ярче. Иной
Разницы нету.
Значит, задачка сойдётся со мной.
Значит, с ответом.

Кирилл Новиков

Родился в 1981 году в Симферополе.

Стихи и короткая проза публиковались в журналах «Воздух», «©оюз писателей», в сетевом литературном журнале «TextOnly», на сайте «Полутона», в арт-дайджесте «Солонеба», на литературном портале Litcentr, на сайте «Верлибры и другое», переводы — в журнале «Крещатик».

Стихи для детей публиковались в журнале «Кот в мешке» (США) и журнале для детей, уехавших из Украины из-за войны, «Читай та грай» (Великобритания), в сборнике произведений лауреатов «Корнейчуковская премия» (Одесса, Черноморье, 2021).

Книги «дк строителей / и / пиво крым / и / младенец воды» (Владивосток, niding.publ.UnLTD, 2016), «Зелёная улица солнечный проспект» (Днепр, Герда, 2022).

Лонг-лист Первого поэтического конкурса «Критерии свободы» имени Иосифа Бродского (2014) и «Русской премии» (2015). Третья премия в номинации «Поэзия для детей» «Корнейчуковской премии» (2021).

Живёт в Харькове.

НЕТ ОБЩЕГО ДНЯ

*

теперь когда все говорят что это точно произойдёт
        это всё больше становится похожим на смерть
только вот после смерти по моему представлению
           ничего нет
а тут ясно что какая-то жизнь будет

какая-то страшная жизнь
какое-то безобразное кривляние
обман чернота и проклятие
братья

18.02.2022, Харьков

*

всего-то осталось внести изменения в конституцию днр
согласно которым границы днр будут соответствовать грани-
цам Украины
а то уже удивляться нечему

23.02.2022, Харьков

*

второй день пытаюсь написать что-то об этой войне
                                        нарочито утрированное
что-то такое что покажет весь абсурд
преувеличить и гипертрофировать выпятить её безумие
ничего не получается
авторов этой войны не переплюнуть

26.02.2022, Харьков

*

я в компьютерной игре не понимаю кто я не знаю
                                        как управлять и что делать
то и дело вываливаюсь из монитора своим
        персонажем сюда в мою полутемную комнату
        и бегаю по потолку и стенам как курица с отрубленной
        головой но и сижу за столом наблюдая за собой
там за стенами моего дома слышны звуки грома
                и ливня мороз проходит сквозь трещины
                в кирпичной кладке свистит ветер

временами не могу пошевелиться а то вдруг дергаюсь

от полного осознания всего

и того и сего

06.03.2022, Кременчуг

*

вечером нужно дождаться когда снаружи всё утихнет и прямо в тапочках пройти по коридору из нашей съёмной квартиры на общий балкон и побыть в тишине

почему-то не позволяю себе снова начать курить и дело конечно вовсе не в желании пожить подольше ведь всем известно что ещё прошлым летом я погиб в автокатастрофе

17.04.2022, Львов

*

я не знаю что мне делать
затаился и сижу
и смотрю на всё вокруг
через чёрные глазницы
и боюсь пошевелиться
потому что рухнул дом
на проспекте за углом
когда шкаф внутри меня
у-пал
и сгорел
от стыда
а я живой
но кому теперь такой

26.05.2022, Харьков

*

— Открой глаза и посмотри — жизнь она такая всегда.
— Да.
— Да.

04.06.2022, Харьков, беседа трёх велосипедистов у пивного киоска

*

я пригнал свой велосипед на ремонт в мастерскую в районе метро научная

мастерская была в подвале и пока два мастера ремонтировали велосипед, я сидел в углу на табуретке, наслаждаясь прохладой

я видел, что они очень хорошие ребята и набравшись смелости я решил пошутить и командирским голосом сказал: а что, буду у вас третьим!

видно было, что они всеми силами пытались скрыть удивление, но после короткой паузы один из них глядя на другого сказал: а что, пусть будет

второй сказал: я согласен, пусть работает, а всю выручку будем делить теперь не на двоих, а на троих. с работой сейчас тяжело, где он ещё найдёт?

теперь оторопел я. ведь я хотел пошутить и шутка как раз и заключалась в том, что помощник из меня никакой, раз я у них ремонтируюсь, а не самостоятельно

и я сказал что не умею пользоваться всеми этими приспособлениями в мастерской и хорошо бы для начала потренироваться

не переживай, мы тебя научим

приходить завтра? — спросил я

нет, оставайся ночевать у нас, мы сейчас и живём в мастерской, в подвале спокойней. да и поздно уже, комендантский час скоро

я согласился

и тут из стен начали выезжать две большие кровати на каждой из которых под одеялами уже лежали родные этих ребят: родители, жёны и дети

и ребята пошли каждый к своей кровати обнимать родных

а мне дали кровать поменьше, рассчитанную на одного человека

18.06.2022, Харьков

*

какой долгий день
сколько всего можно было сделать
сколько всего можно было бы успеть

25.07.2022, Харьков

*

наконец-то закат
не хочу пропустить это
усаживаясь в кресло закуриваю
в это время сознание кажется ясным
и собственное спокойствие
не вызывает тревоги

31.07.2022, Харьков

*

меня пригласили сняться в фильме то есть мне позвонил один приятель и сказал что снимает немую короткометражку ретроспективу про войну я возразил мол рано ещё такие фильмы снимать война ещё не закончилась а он говорит: нет общего дня для всех

15.08.2022, Харьков

*

впервые за полгода пришла в голову мысль которая теперь мне кажется вполне совместимой с нескончаемыми грустью болью и разочарованиями: я люблю жизнь.

21.08.2022, Харьков

КРЫМСКИЙ ЦИКЛ

*

мы затеяли кругосветное путешествие вокруг села в третий раз первые две попытки провалились и нам приходилось возвращаться по домам не закончив маршрут потому что нам с Динькой встречалось большое количество врагов и препятствий которые нас задерживали

родители не разрешали нам гулять ночью поэтому палатку мы с собой носили для сохранения настроения настоящего путешествия

третья попытка оказалась удачной хоть и возвращались мы домой далеко после захода солнца в предвкушении нагоняя от родителей и придумали для них байку о том как в поле увидели кружащий над нами кукурузник который спланировал и сел за лесополосой придумали даже имя пилота с которым познакомились из-за чего и опоздали

мы были счастливыми путешественниками первыми совершившими такой трудный поход и в кукурузник мы тоже верили и пришли домой с чувством собственного достоинства а не со страхом быть наказанными может быть поэтому никто нас и не наказал

Динька мой сосед и лучший друг за которого я не вступился перед местными хулиганами уже в старшей школе когда мы провожали девчонок домой струсил после чего мы с ним толком и не общались только опускали глаза при встрече

как я хочу вернуться в тот вечер

*

я стоял в вестибюле и думал о том что земля может быть в будущем помаленьку изменит характер своего вращения по отношению к солнцу что приведёт к перемене климата в наших краях и наступит вечное лето

тут подошёл вовка он у нас самый сильный в классе и назначен класснухой руководить работами и сказал мне: иди вскапывать клумбы возле входа в школу

я сказал: второй раз? Косой вон ещё ни разу не копал

а он: Косой по хозяйству дома знаешь как управляется, не хватало ему ещё и в школе карпачить

я сказал: дома это дома

две выскочки стоявшие за спиной у вовки наперебой пискливо стали убеждать меня что я не прав а вовка прав и они тоже и всё расскажут учительнице

страна и школа воспитывали меня не в уважении к труду дружбе и справедливости а в трепете перед силой чувством вины и общественным мнением поэтому моей реакцией стала только никоим образом не переданная вовне фантазия как в нашу планету врезается огромный метеорит и уничтожает человечество как плавятся сначала от испуга а потом от огромной температуры лица вовки Косого и двух выскочек

мне нравится представлять себе как я гуляю по пустынной земле

города разрушены и я совсем один

главное чтоб тепло

*

однажды мы собирали грибы
на развалинах свинофермы
шампиньоны росли прямо в навозе
и нужно было их искать и откапывать
прямо как трюфели

однажды отец принёс зайца
и позвал меня посмотреть
как он его разделывает
я не хотел смотреть
и блеванул

однажды за хутором
высох пруд
и мы лопатой из грязи
накопали ведро карасей

*

мама не ушла от отца хотя он пил и не раз поднимал на неё
и на нас с братом руку и оскорблял хотя я видел её слёзы хотя
она не раз порывалась уйти так родители совместно учили
меня покорности так я объясняю свою тягу оставить дом по-
явившуюся ещё в раннем детстве

я уехал но щупальца монстра бьющегося в агонии трид-
цать лет иногда гладит меня перед сном и я слышу:

бьёт значит любит как это без отца вырасти потерпите не-
много он когда не пьёт хороший стерпится слюбится мы на-
род терпеливый а куда деваться бог терпел и нам велел сей-
час все так живут нравится не нравится наше дело правое мо-
жем повторить никто кроме нас с нами бог мы попадём в рай
всё хорошо

главное чтобы не было войны

*

за колхозными гаражами был пруд с камышами

я в своих любимых жёлтых резиновых сапогах бродил по
воде пока не стало темнеть

срывался мелкий дождь и дул холодный ветер но мне
не хотелось идти домой

заметив сквозь заросли камыша что в клубе горит свет я решил зайти туда погреться

внутри прямо посреди фойе на столе стоял телевизор вокруг которого беспокойно толпились подростки

пакмэн делал своё дело открывая мне новый мир

придя домой я снял свои жёлтые резиновые сапоги помыл их поставил на полку и больше никогда их не надевал

*

на вокзале я стал свидетелем того как перед вагоном трое людей уговаривали девушку сесть в вагон а она отказывалась и говорила что передумала это были её родные люди и видно было что они хотят ей добра и они верили в то что ей необходимо поехать именно сегодня и именно в этом вагоне и именно туда куда он её привезёт

девушка сначала просто отказывалась потом плакала потом кричала в истерике и упиралась и падала на перрон но всё-таки троим родным людям и проводнице удалось силой запихнуть её в вагон и обессиленное тёмное лицо её появилось в одном из окон лишь один раз и то мельком

я сел в соседний вагон и вышел как и она на конечной станции

и мы стали жить в харькове

2022

Ал Пантелят

Поэт, переводчик, организатор литературных акций. Родился в Харькове, учился в Граце, сейчас живет в Черкассах.

Стихи и переводы публиковались в периодических изданиях и антологиях «Крещатик», «Уличная поэзия», «©оюз Писателей», «Плавучий мост», «Litcentr», «New Poetry in Translation», «World Literature Today», «Modern Poetry in Translation», «Invasion» и др. Лауреат литературной стипендии «Schritte» фонда С. Фишера.

Когда утром начались первые взрывы, жители города ещё не знали как «правильно» себя вести. Я наблюдал из окна, как одни жители моего района нервно пакуют вещи в машины и уезжают, а другие спокойно идут на работу, как и раньше. Но в течение нескольких часов, когда взрывы не перестали и когда появился доступ к новостям (у нас одновременно со взрывами отключился интернет), люди за окном уже переключились с прогулочного шага на бег, а количество машин за окном значительно увеличилось. В ближайшие несколько дней на парковках почти не осталось машин, да и людей на улицах стало очень мало. Все очень напоминало какой-то постапокалиптический фильм.

Когда в один из первых дней взрывы прекратились на какой-то момент — мы решились выйти снять в банкомате наличные. И вот тогда эти пустые улицы, закрытые магазины и работающие светофоры на контрасте с очень солнечным безветренным февральским днем поразили. Ещё сильнее поразила тишина на этих улицах. Она была и станет в дальнейшем по ощущениям чуть ли не хуже бомбёжек, превратившись в неизмеримый по времени «suspens». И когда мы пришли к банкомату, мы наконец увидели людей, которые стояли в очереди. А пока стояли в очереди, «suspens» прервался — началась длинная серия взрывов, каждый из которых отзывался вибрацией по нашим ногам. Это было очень странно, вот так стоять и ждать своей очереди, чтоб снять деньги под эти звуки, спокойно обсуждая с соседями, откуда эти снаряды могут лететь и куда они падают. Будничность и новая военная реальность стали одним целым.

Со временем этот сплав будничности прошлого и новой реальности стал почти рутиной. Когда мы слышали воздушную тревогу, мы с семьей хватали заранее собранные рюкзаки, табуретки и нашу собаку, шли в ближайший подвал, служивший бомбоубежищем. И сидели там с другими жителями и их собаками часами. И вот так по нескольку раз в день мы как будто отправлялись в какое-то странное путешествие. Иногда это было «путешествием на край ночи», поскольку в городе с приходом сумерек специально не включали фонарей, а жители не зажигали окна — чтобы наш противник не мог ориентироваться куда стрелять. Я никогда ещё не видел настолько рафинированной темноты в городе. И так же как и с тишиной — любой проблеск света (будь это проезжающая машина или человек с фонарём) создавал ощущения опасности.

В конце концов мы решили, что вместо бесконечных путешествий в бомбоубежище лучше сделать одно настоящее путешествие. И где-то спустя неделю уехали. В тот же день мы узнали, что они начали бомбить центр города.

В живом режиме

в далеком австрийском граце
к нам в университет на практику перевода
пришла чеченская беженка
мы должны были переводить её интервью
в живом режиме
она рассказывала
про бомбардировки
как спускалась в бомбоубежище
и провела там неделю
а потом все стихло
она просидела ещё день
и вышла
и собирала потом
части тел своих соседей
на этом моменте она разрыдалась
и больше ничего не могла говорить
только запиналась и рыдала
я пытался выхватывать отдельные слова
чтобы перевести хотя бы интуитивно смысл
но смысла не было
я не знал как справиться с задачей
и просто предложил ей воды
я вспомнил об этом случае только сейчас
когда настала уже моя очередь
сидеть в бомбоубежище
и ждать возможности выйти
и теперь я убедился наверняка
что смысла не было

Мемориал

когда бежали
из осажденного харькова
мы остановились в небольшом селе

я гулял по нему
и в сумерках увидел как что-то блестит
это был мемориал погибшим воинам
второй мировой

в позолоте сверху вниз
на меня смотрел солдат
под ним были списки погибших
их было много
их было больше чем жителей этого села

я хотел прочесть их
но в темноте не смог разобрать ни слова
будто это был язык
которого я не знал

Трофей

с детства помню пёстрый ковёр
в гостиной моей бабушки
и только подростком узнал от нее
что он трофейный
что её отец брал берлин
и привёз ковёр оттуда к нам в харьков
это сделало его почему-то
ещё более особенным и памятным
настолько что живя в берлине
гуляя по улицам
я думал
какому району наш ковёр больше подошёл бы?

шарлоттенбургу? кройцбергу? шпандау?
каким людям? каким домам?
не знал я
что бабушка умрёт
за три месяца до начала новой войны
и будет лежать ковёр
в пустой квартире
на проспекте гагарина
под звуки никем не слышимых взрывов
не принадлежа больше
ни защитникам ни завоевателям
оставаясь трофеем
одной лишь моей памяти

На выставке российской военной техники

дети лазят
по сожжённой российской военной технике
фотографируются с родителями
заглядывают внутрь
удивляются как сильно там всё покромсало
интересуются что же тогда стало
с теми кто был внутри
читают надписи на броне
гори россия
говорят они
русские матери рожают мёртвых собак
говорят они
за мариуполь
говорят они
осторожно
говорят родители
не пораньтесь
на танках острые края

Самолёт

рядом с городом дубно
ровенской области
есть памятник с красивым самолётом
будто вылетающим из глубины деревьев
а под ним на постаменте
лицо лётчика взирающего прямо в глаза
немногочисленным ценителям советских мемориалов
говорят его звали иванов иван иванович
говорят что он был первым
кто провёл воздушный таран
во второй мировой войне
ценой своей жизни
говорят что это не собирательный образ
что он действительно жил
действительно родился
в городе фрязино
московской области
и участвовал также
в советско-финской и советско-польской войнах
говорят его имени на дубенском мемориале уже нет
а его дом-музей во фрязино
умышленно сожгли чтобы заполучить территорию
так что возможно этот лётчик всё-таки не существовал
и был просто собирательным образом

Знамение

помню
как в кракове
незадолго до войны
мы ходили по торговым центрам

лил дождь
мы сбились с курса

и вдруг увидели за забором
старое еврейское кладбище
в окружении жилых домов
и гаражей

будто мираж
стояло оно еле различимо
перед нами

надгробия были такими же
по форме
как и уцелевшие кое-где в городе
стены гетто

я вглядывался
в каждый из них
не в состоянии прочесть
ни одного из них

казалось это некое знамение
которое я разгадаю
лишь когда будет
слишком поздно

у входа стояла женщина с чемоданом
you can actually go in
с улыбкой сказала она

no need
сказал я
направляясь
в следующий торговый центр

Звезда танцпола

В.Я.

звезда танцпола
танцует в разгар
страшной войны
под бой барабанов
оглушающих
бессонную ночь
среди тех кто назвал себя
живыми и мёртвыми
под стук сердец их
вершащих жизнь
сколько отмерено ей
ещё движений
сколько смертей
произойти должно
чтобы она
остановилась

Юрий Смирнов

Родился в 1973 году в Кировограде, сейчас живет в Кропивницком, хотя никуда не переезжал. Автор полутора десятков сценариев к кинофильмам и телесериалам, а также двух и одной третьей поэтических книг.

ВАХТА

Я не верю в бога,
Но когда я вышел
Послушать небо
В три ночи
(Мы ждём ракетный обстрел),
Я не увидел звёзд.
Туман.
Мёртвый,
Тяжёлый,
Непробиваемый.
И я сказал вслух:
Спасибо, Господи.
Знаешь, после ковида
У меня,
Как и у многих других,
Нарушилось обоняние.
Моя сперма теперь пахнет
Утренним небом,
Словно я готов
Нежно взять целый мир
И сделать новых людей
Взамен разорванных,

Измельчённых,
Убитых.
Гугл сказал,
Что ракетам плевать
На туман.
Но всё равно спасибо.
Спасибо.

26.02.2022

СИНЕЕ СОБРАНИЕ

Полон дом женщин,
И я просто вынужден
Быть орлом,
Драконом,
Психоинструктором,
Мастером мелких дел.
Говорить чётко и внятно,
Смешно шутить,
Строить дочке укрытие,
Понимая,
Что это пряничный домик
Под дамокловым прессом
Бетонных плит.

Но когда я выхожу курить,
Когда я остаюсь один
На другой стороне...
Я — страх.
Я — пластилин.
Я — криво наложенный на артерию жгут.
Я — в лебединой броне.

И на тремор пальцев левой руки
У меня есть
Около двух минут.

27.02.2022

ЛЁТЧИКИ И МОРЯКИ

За стеной
племяшка моя
Отрабатывает на фортепиано
Упражнения для беглости пальцев.
И у неё не слишком выходит.
Всё время сбивается.
После каждого третьего сбоя
Она в сердцах лупит по клавишам
И уходит из музыки.
Но возвращается.

За окном незнакомый мне лётчик
Спешит с новым грузом подарочков смерти другим городам.
Каждый раз, когда он возвращается,
Малявка сбивается.
А когда его звук исчезает,
Её пальцы опять обретают летучую смелость.

Я пишу сериал.
Детектив.
И мой главный злодей
На шкале зла
В самом несчастном начале.

На авиабазе все предельно серьёзны.

Зачем нам писать сериалы и оттачивать беглость пальцев?
«Моряки перед смертью надевают всё чистое —
                вдруг не погибнешь, а вечером танцы».
                                28.02.2022

МАСШТАБ

В мирное время Украина такая большая,
Едешь вечером,
А степь без конца и края.
И солнце над горизонтом алое.
Такого больше нигде не бывает.

А в войну — такая маленькая.
Ракета-минута,
Как погремушка
Над детской кроватью.

Как моя дочка.
Взрослая девушка,
Художник,
Магистр,
Картины два на три метра.
Холст, масло.
А сейчас — как котёнок.

И у неё на руках — котёнок.
Царапается
И ничего-ничего не понимает.

2.03.2022

ТРУБА

Среди тысяч кровавых лоскутьев одеяла моей информационной ленты,

Среди трупов, стенаний, санкций, птичек с оливой в клюве, фоточек мотолыг, древних, как ассирийские колесницы, среди цитат Черчилля, Сталина и фельдмаршала Клюге, а также изображений младшего общего бога с доброй смертельной десницей —

Есть ежедневное мелкое вроде как серая тень от чёрной тени прошла горизонтом:

«Транзит газа по территории Украины идет без эксцессов и в полном объеме, как сообщили в Газпроме».

Денно и нощно,

Обло, озорно, азартно, блевотно.

Не убоявшись, так сказать, жалких людей, их котов и небесного грома.

7.03.2022

КУБА

Весна всё никак не взорвётся теплом,
Как взрывается авиаремонтный завод
От удара «калибром».
Когда мы победим,
Я пойду на крыльцо
С литровой банкой
«Куба либре».
И буду читать
Что-то милое —
Про хоббита и кольцо,
Или про таксу Чуню,
Или даже бессмысленный зомби-хоррор.
И чувствовать,
Как в пустую нору под сердцем-стеклом
Прячется мёртвый холод.

18.03.2022

ПЛАТОЧЕК

Когда мы возвращаемся из укрытия
В живой ещё дом,
Я остаюсь на крыльце
И слушаю,
Как затухает сирена
Воздушной тревоги.
Их несколько.
Они отключаются разновременно,
Будто бы из аккорда
Органист
Убирает звук за звуком.
Последняя как будто
Захлебывается
Собственным кашлем,
Как пожилой театрал
В партере,
Прижимая к губам
Бело-серый платочек,
Видавший лучшие времена и виды.

24.03.2022

МЕЖДУРЕЧЬЕ

Оптимист учит английский,
Пессимист учит китайский.
Реалист учит шумерский, аккадский,
Учит гончарное дело,
Управление колесницей.
Учит стрельбу из лука,
Владение палицей и «джавелином»,
Произношение «паляниця», «розкішниця», «цвинтар»,
Сколько сосков у Астарты,
Сколько сынов у Митры.

Кстати, сегодня такой сильный ветер,
Что ракеты крылатые сносит в область

Между Днепром и Евфратом,
Между Бугом и Тигром.

Подожди меня в зуме, зайчик,
Я только умру, я мигом.

28.03.2022

Михаил Сон

Родился в Одессе в 1983 году. Работает в Институте морской биологии Национальной академии наук Украины. Доктор биологических наук. Стихи публиковались в журнале «ШО» и антологиях «Когда мы были шпионами» и «Свидетели и понятые. Книга вторая». Переводит стихи с английского.

Одессу спасло отсутствие метро. Если бы в городе было специальное место, куда можно было бежать, паника накапливалась бы там и разносилась как чума. В Одессе были, конечно, какие-то бомбоубежища и подвалы, но, в общем, не настолько благоустроенные, чтобы там можно было комфортно проводить время. В соседском чате какое-то время было популярно обсуждать, как можно провести в подвал интернет, прибить полочки, играть там в домино и всё такое прочее, но в результате, никто ни разу туда не спустился. Если бы налёты были какой-то одной, заранее объявленной акцией, все бы, может, и сходили в подвал, но воздушные тревоги не отличались регулярностью, а чаще всего и вовсе были ночью. В результате, идея бомбоубежищ сменилась правилом двух стен, которое в свою очередь сменилось правилом двух одеял, а затем и вовсе забылось.

Большая война до Одессы поначалу не добралась. Конечно, были раненые и убитые, сгоревшие постройки и взорванные дома, но их количество за многие месяцы не могло сравниться с обычным для большого города ежедневным набором пожаров, взрывов газа и аварий. Гораздо сильнее чувствовались разные ограничительные меры, принимавшиеся властями для поднятия своего боевого духа — всевозможные комендантские часы, сухие законы, ну и, конечно, самое чувствительное для Одессы — запрет выходить на море. Одновременно одна за другой шли карикатурные кампании по мобилизации общественного сознания — облавы на выдуманных агентов, ставящих крестики на крышах и деревьях, аресты «создающих склады оружия» коллекционеров всевозможных штыков и алебард, свинчивание табличек с домов, чтобы шпионы путались в адресах. Тягучая атмосфера несвободы и нагнетаемой истерии была гораздо тяжелее, чем обстрелы или налёты «шахедов».

Понемногу этот пресс снижался — открыли рынки, отменили сухой закон, начали сокращать комендантский час, приглушили звук сирен. Море так официально и не открыли, но уже к осени, если патруль попытался бы согнать ребенка с участка под табличкой «заминировано», то огрёб бы и от ребёнка, и от родителей. Как ни парадоксально, по мере того как понемногу сворачивалась «война» тыловых генералов, в город начинала проникать настоящая война — мобилизованных стали перекидывать на фронт, поехали гробы, автобусы с эвакуированными.

Эта настоящая война, вместе с тем, успокаивала — люди трезво оценивали реальные опасности и отделяли их от выдуманных. Начали массово возвращаться из-за границы беженки с детьми, сбежавшие в начале войны от своих свекровей, обвинявших их в том, что они плохие матери. Пошёл всплеск концертов, вечеринок и всевозможных культурных мероприятий. Налёты беспилотников, равно как и патрули военкоматов — санитары города, зачищавшие улицы от больных и увечных, вызывали уже не страх, а легкую брезгливость.

Самым серьёзным испытанием на рубеже первого года войны стали блэкауты — многодневные тотальные отключения света после обстрела инфраструктуры, временами усугублявшиеся также отсутствием воды и газа. Областная военная администрация, не притронувшаяся к своим обязанностям с начала войны, не изменила этой политике и на этот раз (да и позже, пока губернатора не сняли с поста, отправив искупать позор кровью). Городская была столь же эффективна по причине высокого уровня рукожопости. Блэкаут стал самым ярким периодом военной Одессы — одновременно точкой максимального провала государства и максимальной консолидации жителей. Он легко мог опрокинуться в катастрофу, особенно если бы ударили морозы. Зима на рубеже 2022 и 2023 была тёплой, и город выстоял, но за тёплые зимы позже платят холодом и дождями, и весна пока так и не началась.

* * *

и когда мы завязнем в спорах о древних датах
юнеско объявит день повешенных и распятых
мы откроем пещеры и запляшут весёлые мертвецы
предадим и споют нам верные петухи
здесь в пучине сражений пасок и куличей
нет отдельных праздников для казнённых и палачей
мы неделю спорим о тайнах вина и хлеба
и когда взлетает звезда на седьмое небо
как кувалдой крушим скорлупу яйца
где в белке упругом хищной торчит иглою
долгожданная смерть бессмертного мертвеца
и когда прогнётся стол под десятым блюдом
позабудем мы как недавно казалась чудом
нам победа над смертью и отпустим себе грехи
упадет звезда это бог на счастье роняет чашу
пригубив глоток вина за отчизну нашу
мы закроем бараки и завоют первые петухи
и в пеньковых петлях запляшут новые мертвецы

ПУСТЫНЯ ТАРТАРИ

кто мне чудится в окне
кто стучится в дверь ко мне
кто на бешеной волчице
тыгыдыщем страшным мчится
чьи проносятся полки
чьи знамена рвут аорту
высыхающей реки
мы не видим и на локоть
от протянутой руки

что за нашею стеною
что за нашею спиною
там в слепой холодной зоне
меж висками и затылком
разгорается пожар
и рождается кошмар
чьи дворцы или трущобы
закрывает пелена
кто припомнит как на карте
называлася страна

жжёт в золу огонь заката
флаги гибнущих империй
недоношенных республик
и дряхлеющих держав
и в дыму свобод и прав
чьи обрушатся копыта
нам на голову и грудь
погляди и позабудь

как сминают города
солнце воздух и вода
и песками заметает
неприветливых хозяев

и непрошеных гостей
от воинственных народов
пограничных областей
не останется костей

пусть порвёт удавку горло
и рассыплются в пустыне
вековечные границы
позвонками-крепостьми
расклюют ночные птицы
наши страхи и надежды
мы останемся навеки
безымянными людьми

*

ты помнишь чапаев багровых зверей
в углях мирового пожара
и тайные книги что в топке своей
читал кочегар кочегару

мы пели шагая британской тайгой
коням про барона субботу
мы небо и море ровняли с землёй
нас дьявол учил пулемёту

топили в ухе золотую звезду
уральской нажористой смерти
вы слышали притчу про палец в заду
так нету нюансов поверьте

сегодня поля золотых эполет
махновская давит тачанка
и дедушек ваших ведёт в кабинет
к себе пубертатчица анка

а завтра в казачьем погромном огне
кричит обжигаемый голем
и встанут ряды мертвецов-косарей
безмолвным развёрнутым строем

ты помнишь чапаев как нёс на шнурке
проклятие старого мира
как яблочко-песню сжимал в кулаке
увидев в стекле палантира

как ломит суставы ежовский подвал
и рвутся от ужаса связки
как тело твоё полноводный урал
несёт в анекдоты и сказки

про чёрную волю и белую смерть
про звёздное небо над нами
под наши колёса летящую степь
и красных коней в океане

ГОРСАД

и тут наш разговор прервал на главном месте
муниципальный фестиваль стиха и песни

стоял поэт пестро одет и вышивато
и декламировал сонет верлибровато

о том как дронов прахоря сминают тучи
о мариуполя морях и кручах бучи

про то как рушит вой сирен добрососедство
про крымский мост азовский плен и травмы детства

мы пили тёмное тайком поэту внемля
и каждым проклятым глотком врастали в землю

пришёл спасительный налёт повыло малость
поэт ушёл искать окоп а мы остались

и смыл осенний ветерок позор хорея
и свежий воздуха комок пролез в трахею

легла ротонда на фонтан костлявой тенью
и в сумерках казалось нам что есть спасенье

от похитителей сердец что вот немного
и как отечества певец сбежит тревога

как тонет страшная луна на дне колодца
но знали мы уйдёт война а он вернётся

ДОМ ДРАКОНА

туристических групп
не сочтут эти улицы-морги
остывающий труп
обглодают голодные корги

мы дорнийским вином
переполним старинные чаши
отблюём под столом
и забавные карлы нам спляшут

пусть ещё в восхищении двор
только ясно гвардейцам
что окончен навеки дозор
остановится сердце

будут ногти расти
и плестись паутиной ресницы
будут птицы нести
по уездам приказы десницы

королевский совет
говорить своё мудрое слово
ещё несколько лет
будет мёртвое против живого

восседать на ржавеющий трон
из железа и мрака
но последний дракон
будет больше похож на собаку

* * *

не выходи из комнаты без веления военкома
потому что комната опора семьи и дома
укрепи окно фанерой и дюбелями
если давит стена укройся двумя стенами

не читай про карла что тебе та полтава
что написано на бумаге навсегда отрава
забаррикадируй шкаф и поставь охрану
пусть твой мир озарится светом телеэкрана

пусть уйдёт война но разве придёт победа
если это пространство не сожмётся до кабинета
туалета табурета подушки и пледа
комендантской ночи и полусонного бреда

что тебе мина в море дождись в сортире ракету
не совершай минета покуда не минет лето
разве вздрочни но зачем тебе плоть живая
если сетку ласкаешь сплетая и расплетая

ОСПА

в молодёжном подкасте угрюмый визжит иерей
что не время сынам осаждённого града
возлегать с обезьяной покуда война у дверей
и лишиться безвиза в окраины райского сада

только душу живую попробуй поди побороть
заперев в безопасный подвал добровольного плена
если там за окном вожделеет косматая плоть
и так сладко распелась сирена

горе тем кто оставив пиры благородной чумы
и гламурно-ковидной насытившись фальши
краем глаза увидел дорогу в предсердия тьмы
и бежал не решаясь отправиться дальше

изрубцованными руками возьму эту тьму
и в компанию моему обезьяньему сыну
порожу из бедра своего голод мор и войну
и швырну за порог откусив пуповину

пусть потомство моё копошится в углах и кустах
и случайно увидев в ночи их гримасы и рожи
вы проглотите свой расплескавшийся в воздухе страх
и тотчас побегут волдыри как мурашки по коже

НА СМЕРТЬ ЖИРИНОВСКОГО

горе вещавшим о судьбах страны
сладко мечтавшим о славе солдатской
и не дождавшись великой войны
дивно сказать умирающим в штатском

сняты с больничной кровати клеёнки
чистят палату окно отворя

время подонков как слёзы ребёнка
высохнут начисто вслух говоря

хватит ли у летописца лучины
вспомнить о тех кто в безвольном строю
смело рядились в чужие личины
но возвращались в страхе в свою

мирно несут коматозные грёзы
за пепелища поверженных стран
там где за бучей алеппо и грозным
дальний индийский лежит океан

этот прибой как шампанского брызги
не достигают изнеженных губ
бьёт барабан беспощаден и груб
жмутся курсанты в тени обелиска
словно боятся предсмертного визга
русских военных плачущих труб

* * *

в самом чёрном из синих морей
бьются мины в уздечках своих якорей
как в фейсбуке истерик
и по воле земли здесь уходят на дно корабли
и боится ударить волна
в озверевший берег

это дом что из трупов жильцов
возводился на веки веков
и из мягких органик
перемолотый волнами прах
прессовался потомкам на страх
в ракушняк и песчаник

море жаждет гостей
что по зову богов и царей
за отчизну и веру
станут частью глубинных пород
где холодный сковал водород
огненосную серу

и когда отрезвится война
то утихнет волна
и расступится белая пена
и бурая слизь но приблизь
морскую раковину к ушной
и завоет сирена

Владимир Стариков

Художник, поэт, бук-артист. Родился в Харькове в 1952 году. Член Союза художников Украины. Тексты публиковались в журналах и альманахах «Крещатик», «Союз писателей», «Дети РА», «Черновик», «Новая кожа», «Homo Legens», «Стых», коллективных сборниках «Время Ч», «Вместе», «Верлибры Пушкину», «Освобожденный Улисс», «Кварталы», на сайтах «Полутона», «Text Only», «Solo Неба». Автор восьми поэтических сборников.

+++

из детства в старость, потом в войну
и непременно за нами придут оловянные солдатики
это всё люди, и построили, и сломали

может быть пшиком, может быть фуком
или потерянным, или ненужным — все уже знали
это для нас последняя новость — отчаянье

+++

твой взгляд со стороны, конечно же, объективней
можешь увидеть профиль, и даже затылок
рассмотреть в подробностях не ровно стриженных прядей
тщательно скрываемую тайну двух макушек

мой внутренний пейзаж разнообразней, но выдуман
всё — от пригорка на севере до песчаного пляжа

вдруг возникающего в поле зрения,
когда и доплыть-то всего осталось жуть-жуть
не волнуйся — спасут
по периметру не зря же расставлены многоочитые стражи
но функция их другая — не спасать, а стеречь
стереть всегда успеешь, что сохраняешь в памяти

три колышка, бечева и отвес — сориентируемся
                                        на местности
может, начнем строить дом, уничтожая ближайший лес
или не будем — замерзая в блаженстве

+++

знаешь давно, но поймёшь когда-нибудь — вопрос
к твоему сознанию или ко времени — потом
различая векторы его устремлённости
или кратковременного покоя, сейчас — не понимая

знаешь давно, но если бы понял — нет нужды помнить
уже не зная, в каком органе сохраняется
нельзя сказать, что ты этим наполнен — выскочит
                                        прыщик,
вздуется флюс, проседью окрасятся виски

и своими словами о том, что столько лет
волновало, тревожило, не давало уснуть
поймёшь, но всех проблем не решишь —
возникнут новые
но притом, не как мучения, наказания
а покой и радость, с нетерпением ожидая
теперь — открытий неутолимая жажда

+++

Послание получено. Пейзаж
Наглядным сообщеньем Божьей милости.
Глаза открой — читай, читай, читай
За горизонт, лишь в протяжённость вникни.

Вернулся и ещё застал себя,
Помыслившего об уходе.
Вдвоём нам легче — каждый прав,
Теперь пускай другой уходит.

Здесь мелодраматический эффект —
Злодей всесилен, а герой страдает.
Вдруг в зале раздается нервный смех,
Но большинство — рыдает.

+++

если есть что сказать — говори, помолчи напоследок
витиевата речь, а письменная подводит
скажешь ей прямо течь — она выбирает, где глубже
что произносят губы, если запечатлеть
не вкладывается в языковые нормы
всё ещё жив — смешно — чем могу отличиться
от звёздочки во лбу паровоза, который мчится

+++

через соломинку на подсосе необоримых сил
где ты теперь — в пшенице, в просе
кому одуванчик мил
мы никому ничего не должны или должны все
где ты теперь — в пшенице, в просе
возможно, живёшь в овсе

+++

нет у меня такого пиджака
в котором бы я отошёл достойно
на расстояние протянутой руки

+++

не в прямом значении слова, а когда сучок тот сломан
не желая быть границей — по душе всегда проходит
по стене — терпимо больно, по полу, где горизонт
                              трансформирован в паркет
но за стены не выходит, притворяется сугробом,
                                      если выглянуть в окно
кто его теперь догонит — невезучий — повезло
по фундаменту вселенной лезут в палец толщиной
                                              трещины
война волной — с чёрной пеною на гребне —
                                    упирается живой

+++

я вижу в ультрафиолете, как светятся твои лохмотья
вооружённый — на прицеле, ты наготой своей сияешь
одетый в дыры и в прорехи — ничто тебя не защищает

попользовался, что ж, но не испортил

+++

и пусть вам кажется, что не
заполнен тендерный вагон

в коробочке мотыль краснел,
зажмуренный как страшный сон

а я тем временем смотрел,
сидел, рассматривал —
пружинил лук геракл, гермес,
амур как тетиву натягивал —
пускал стрелу

+++

никаких отличительных черт —
истуканы
пять, семь, восемь, может десяток
обратишься с просьбой не к тому —
смерть — растопчут, раздавят,
а один — непременно исполнит

+++

что-то есть важней, чем война и смерть
тайна, но о ней рассуждать — не сметь

+++

бог надувал резиновый пузырь
а в стороне старательно копали ямку
вдруг лопнет — похороним целый мир
итог — три маленьких какули
мы все безумно рады
так ведь совсем о другом с небес сигналили птицы
взмахами крыльев

+++

«лечь в печь» —
сказал для демонстрации правила —
в кавычки нужно брать прямую речь,
а не прямую — сечь

мир, от которого хотели нас уберечь,
в который нам предстояло выйти,
характеризуя —
сильно умный или страшно глупый

мы вошли босиком, на цыпочках,
обувь, оставив в передней

чтоб и не понял о чём говорится
может о физике, а может о мета

зарево кобзарево

+++

так иногда задумывался, что забывал дышать

забыл уже, а что там в Бранденбурге —
ворота и концерт

он — есмь, а ты, возможно будешь
в какую-нибудь форму воплотишься,

на север дорог нет, нет на восток

+++

частичное совпадение и несовпадение — печать
                                   подлинности
автор ошибся или улучшил, вывод сделал и если получится
неврастенией будет мучиться, зритель ползучий,
в стараньях улучшить или, хотя бы, как новость заполучить

видно что-то знает, раз хранит за дверью, в тёмном уголке,
                                   ведь не разглядишь

ты находишься (на дне) в положении таком

согласия не приемлю

+++

о себе только в третьем лице, первые два — лишь отражения

+++

макет вандализма

+++

небушка, хлебушка
небушка, хлебушка
небушка, хлебушка —
так и не выберет идиот
чем он живёт — витает

+++

в горсти у вечности комочек глины
мнётся, бесплодно пытаясь сформулировать суждение,
сделать вывод на основе прикосновений кожи
руки, которая лепит

только коснётся трезвый или подвыпивший автор
уничтожает и заново формирует
по наитию — понимает — завершено, закончено
и любое возможное действие приведёт к травме

в гостях у вечности, мимоходом
достаточно чуть придавить пальцем,
подчеркнуть ногтем ненужное,
а необходимое и не заметить

ложные выводы, сомнительные воспоминания
свет в конце туннеля, как у любой мишени, цели
и не скажешь, что белое, как будто творожное
оттенок важней, хоть что-то осталось в памяти

Татьяна Ретивова

Поэт, переводчик, издатель. Родилась в Нью-Йорке. Окончила Монтанский университет, получив степень бакалавра по английской и французской литературе. В 1981 году получила магистерскую степень по славянским языкам и литературам в Мичиганском университете. С 1994 живет в Киеве. Руководит Арт-Лит салоном «Бриколаж». Директор издательства «Каяла» с 2015 года.

4.20 утра, 24 февраля 2022, Жуляны бомбят. Проснулась. Голосеевский район, днем звучат сирены. Последнее, что написала перед отъездом из Киева: «Моя тривожна валіза. Сборы, две собаки и одну кошку везем в Черновицкую область. Три кошки остаются под присмотром соседа. Март, пересекаю границу Молдовы, затем Румынии с одной собакой и несколькими сумками, едем на румынскую Буковину. Остальные собака и кошка остаются на украинской Буковине, в селе. Три месяца войны, ни разу ни один бывший муж не поинтересовался о моей безопасности. Во мне рождается воинственный импульс Половецкой бабы. Лето. Возвращение из одной Буковины в другую, а когда-то они были нераздельны. Поездом с собакой приезжаем в Киев, сирень отцвела, блокпосты убраны, комендантский час в силе, тревоги звучат. Мои киевские кошки не верят своим глазам, ушам, хорохорятся. Ангел западного окна наблюдает. Летом всё ещё казалось, что скоро война закончится. Пришла осень, Киев начали активно бомбить, примерно каждые две недели. В нашем районе в подстанцию попадали раз десять, всё это было очень громко. Я начинаю всё время думать о «Бездне

Ада» Боттичелли, как будто вся страна постепенно поглощается этой воронкой. Выход из воронки узкий, через границу страны. Выходя, внезапно находишься в зеркальном отражении этой воронки. И что там с Карфагеном, о генерал Сципион Африканский? Поскорее бы.

МОЯ ТРИВОЖНА ВАЛІЗА

Я никуда
не поеду...
Отъебитесь
уже.
А так, еду,
нет не,
куда, на
Буковину.
Китайский
новый год,
от ворот
поворот.
Не ждите меня.

Или еду. Беру
двух собак
и четырёх кошек
на передержку.
Нет, сама еду
на передержку,
собак и кошек
не беру. Не еду же.

Оставлять
на произвол
судьбы всех
двух собак

и четырёх кошек?
Но вдруг еду, куда,
на Буковину.
Опять? 100 евро
через пункт
пропуска,
в Румынию.

В этом году
Чёрного тигра
уже
мартовские иды
на носу.
Кто кого
в каком бреду...

* * *

За живой цветущей
изгородью
буковинской
в сучавском парке
затаился ландыш
или ангел
победоносный.

И сирень затмила
своим благоуханьем
вой сирен на тех
других берегах,
возле которых
вновь озвучивают
свою мольбу
призраки полководцы.

Перелётные птицы
с поля битвы
    исполняют
музыку сфер в древних
    буковинских парках,
под мерцающими звёздами,
    вдохновляя *Somnium Scipionis.*

О, и где ты, Сципион Африканский
нашего времени? Неужели это наш
    генерал Ллойд Остин, который
осмелился подтвердить, что
    Карфаген должен быть разрушен?!
Со всеми воинскими почестями...

* * *

Отец покойный мне
одолжил своего
Ангела Хранителя,

на время этой войны.
Изначально Ангел
явился мне во сне,

его трансперсона
висела в западном
окне, за моим

левым плечом.
Нынче оно вкратце
следит за каждым

моим движением,
соблюдая дистанцию,
пока я, как сомнамбула,

брожу там, на Корчеватом,
где били нашу ТЭЦ восемь раз.
Не добили. Не парься, говорят

аналитики, этой недопустимой
третьей ВВ. Дома я передвигаюсь
через время, пространство,

измеряя траекторию ракет.
Тайком Ангел сдувает всю пыль
с моего стеклянного зверинца

во время своих бесконечных
посещений. Иногда оно даже
вселяется в мои солнечные

лампочки для сада и тусуется
с другими похожими духами.
Мерцай, мерцай, звёздочка.

* * *

Бывший муж мой
Лучше бы был
Бывшим имперцем,
Чем настоящим.

Даже отец мой
Успел переосмыслить
Свои взгляды
На родные пенаты.

Но я не о первом
Муже, если что,
А о втором, впрочем,
Какая разница?

Ведь же, как рече
Феврония, с одной
И с другой стороны
Лодки вода одинакова.

А «Савл, он же Павел»,
Хотя Каин — он не Авель.
Но ни тот, ни другой не
Обратил на меня внимания.

Ибо я безликая
Половецкая баба,
И видали они
Меня в гробу.

РАКЕТНЫЕ ПОСЛАНИЯ

ты же начал это
со словами
ДЛЯ ДЕТЕЙ
кириллицей
высеченных на
ракетах
запущенных
в краматорск

как будто издеваясь
над мариупольским
театром где раньше
тысячи искали
убежище пока
виклали слово
ДЕТИ
за и перед
самим театром
на мове твоей

затем было
пасхальное
послание одессе
богородица дева
радуйся благо
датная мария
птна прогони

а вот и чехи
тоже вписали
     ЭТО ЗА ПРАЖСКУЮ ВЕСНУ 1968 г.
на своём западно
славянском по своим
ракетным системам
ради мира пере
данных украине

а поляки
без запинки
отчеканили
     ЗА КАТЫНЬ
на своих ракетах
и в нидерландах
своевременно
напомнили что
это ракетное
послание
     НАША МЕСТЬ ЗА MH17
пусть их все
запустят прямо
в сердце твоё

Аркадий Штыпель

Поэт, переводчик, автор нескольких стиховедческих работ. Родился в 1944 году в Каттакургане в эвакуации. Детство и юность провёл в городе Днепропетровске (ныне Днепр). Поступил в Днепропетровский университет на физический факультет. Был исключён за попытку создания самиздатовского литературного журнала, обвинён одновременно в сионизме и украинском национализме. После службы в армии заочно окончил университет, по специальности никогда не работал. С 1969 года жил в Москве. Первая книга «В гостях у Евклида» вышла в 2002 году. В 2016 году в Киеве вышла книжка переводов русской поэтической классики на украинский язык (Издательский дом «Киево-Могилянская академия»). Постоянный участник фестиваля «Киевские Лавры» и поэтических программ Львовского форума издателей. С 2021 года живет в Одессе.

КАК ЭТО БЫЛО

В ноябре 21-го мы из Одессы приехали в Москву по делам. И уже в начале января, понимая, что вот-вот начнётся война, спешно вернулись в Одессу.

Вскоре после начала войны мать и сестра Маши с двумя собачками и не без приключений добрались к мужу сестры в Британию. Оставили на нашем попечении дачу, двух котов и дворовую собаку, живущую в будке на веранде. Собака имеет страшно неухоженный вид, поскольку при всём своем дружелюбии не позволяет к себе дотрагиваться.

С началом войны Одесса показала себя с лучшей стороны. Выстроились длинные очереди к пунктам сдачи донорской крови и на запись в тероборону.

Маша присоединилась к группе женщин-волонтёров, плетущих маскировочные сети.

Все месяцы войны в Одессе относительно, по сравнению с другими городами, подвергающимися варварским бомбардировкам, спокойно. Здесь очень надёжная ПВО, но несколько прилетов по окраинам всё же было, не обошлось и без жертв. Мы быстро привыкли к воздушным тревогам и, как и множество других горожан, не обращаем на них внимания.

Какое-то время при тревогах закрывались магазины, но потом перестали.

Какое-то время действовал сухой закон, но в аптеках, к моему счастью, по-прежнему свободно продавался спирт. Неприятны были зимние блэкауты, но нам было легче, чем жителям больших домов, потому что на даче имеется электрогенератор.

Он жрёт много бензина, и мы его включали ненадолго, чтобы поддержать работу холодильника и газового котла, который тоже без электричества не работает.

Магазины, аптеки и кафе тоже работали от генераторов. Снабжение всё время остается очень хорошим.

Для освещения купили новогодние белые гирлянды, две от батареек и одну, большую, от павербанка.

Зиму перенесли легко.

В Одессе кипит культурная жизнь, пусть и не так бурно, как в Киеве. Выставки, спектакли, поэтические чтения. Мы здесь заделались заядлыми театралами, чего раньше с нами не было. Задружились с группой очень молодых симпатичных поэтов, пишущих на украинском.

Всё же нервное напряжение дает о себе знать. Всё время то и дело открываем новостные ленты и почти ничего не пишем. Как отрезало. Я, правда, сочинил несколько украинских стихотворений, частью приведенных здесь. Сочинять «чистую лирику» как-то неловко, а писать «про войну», сидя в относительной безопасности, тоже неловко.

Маша по утрам вывешивает в Фейсбуке краткие своего рода отчеты о прошедших сутках.

Прошлым летом были запрещены морские купания из-за минной угрозы, но люди, с оглядкой на полицию, всё-таки купались, и мы тоже. Угроза эта во многом мнимая, потому что на городских пляжах метрах в ста от берега тянутся почти достигающие поверхности молы-волнорезы, и мина может перескочить через такую преграду разве что в сильный шторм. Но за городом, где этого нет, были жертвы.

+

небо в огне
нет края войне
и слов нет
разве что
смерть врагу
смерть врагу
смерть

в далёком самолёте
кто-то нажимает кнопку

падают этажи
занимается здание
кричат раненые
мёртвые в лужах крови
младенец похож на сломанную куклу
сбились в кучку уцелевшие погорельцы
завывают санитарные машины
торопятся пожарные и спасатели

новый удар

ещё один воин погиб
в селе похороны
на двух табуретках закрытый гроб
навзрыд плачет женщина
священник читает молитву
люди стоят на коленях

ветер

сине-жёлтый флаг

слёзы и гнев
слёзы и гнев
слёзы и гнев

+

удивительное устройство
живых существ

дыхание
кровообращение
пищеварение и опорожнение
игра мышц
все эти железы
химия ферментов
гормонов
сеть нервов
со множеством чувствительных окончаний

чудо зрения

мозг!
тем более наш человеческий
понимание

воображение
говорение

все наши слова
ежедневно нами употребляемые
обкатаны миллионами мёртвых губ
как морские камешки
которые демосфен держал во рту
чтобы выправить дефекты речи

...звучит взрыв

+

огненные руки войны
какая яркая метафора
но неуместная
потому что эстетизирует
украшает войну:
бесконечный ужас
грязь
вонь
разорванные изуродованные тела
вывернутые внутренности

нет не надо метафор
разве что:
пусть огненные руки войны
сомкнутся
на вражьих глотках

+

не до виршей
сколько наших
там в вышних

не до виршей
взрыды вдов
не до стихов
пушек рёв
не до стихов
не дай боже хуже
кому стих нужен
не до виршей
давленой крови вишни
не до виршей
война война

золотое жито
синевой облито
даль видна
и песня слышна
не про войну

«ой быть ещё потопу
и смеху
и вину»[*]

тут уж перечь не перечь
поступью орд
вытоптал русскую речь
двадцать второй год

фосфор или картечь
мириадами морд
плюнул в родную речь
двадцать второй год

---

[*] В кавычках цитата из Павла Тычины. — *Прим. авт.*

www.ingramcontent.com/pod-product-compliance
Lightning Source LLC
Chambersburg PA
CBHW061146120626
46546CB00005B/1957